Esto ya Cambió

Gonzalo Estrada

Published by Gonzalo Estrada, 2024.

ESTO YA CAMBIÓ

First edition. July 22, 2024.

Copyright © 2024 Gonzalo Estrada.

ISBN: 979-8227275547

Written by Gonzalo Estrada.

Tabla de Contenido

Esto ya Cambió!

Descubre las claves para triunfar en el home office: Secretos para ser eficiente y mantener el equilibrio

Autor: Gonzalo Estrada

Contenido.

Capítulo 1: Preparándote para el éxito en el home office

Descubre cómo establecer la mentalidad adecuada y prepararte de manera efectiva para triunfar en el trabajo desde casa.

El home office se ha vuelto una realidad para muchas personas en los últimos tiempos. Ya sea que seas un empresario o un trabajador, el trabajar desde casa implica adaptarse a un nuevo entorno laboral que requiere de disciplina y organización. ¿Cómo puedes lograr el éxito en el home office? En este capítulo, exploraremos las claves para prepararte de manera efectiva.

La primera clave para triunfar en el home office radica en establecer la mentalidad adecuada. Es crucial entender que, aunque estemos trabajando desde casa, seguimos realizando un trabajo profesional. Esto implica adoptar una mentalidad laboral y estar consciente de que nuestro hogar ahora también es nuestra oficina. Crear un espacio de trabajo separado y libre de distracciones nos ayudará a enfocarnos en nuestras tareas y a mantenernos productivos.

Además, es importante establecer rutinas diarias que nos ayuden a mantener un equilibrio entre nuestra vida personal y laboral. Al igual que en una oficina convencional, debemos fijar horarios y respetarlos. Establecer una rutina matutina, como si estuviéramos preparándonos para ir a la oficina, nos ayudará a ponernos en modo trabajo y aumentar nuestra productividad.

Otra clave para el éxito en el home office radica en la organización. Es esencial contar con un espacio de trabajo ordenado y limpio. Esto no solo nos permitirá encontrar fácilmente los recursos y materiales que necesitemos, sino que también contribuirá a crear una atmósfera inspiradora y libre de estrés.

Asimismo, es fundamental establecer metas y objetivos claros. El trabajar desde casa puede llevarnos a sentirnos menos motivados o dispersos. Establecer metas diarias o semanales nos ayudará a mantener el enfoque y a medir nuestro progreso. Además, celebrar nuestros logros nos brindará la satisfacción necesaria para seguir adelante.

En este camino hacia el éxito en el home office, no podemos olvidar la importancia de cuidar de nosotros mismos. Es fácil caer en la trampa de trabajar sin descanso, ya que nuestra oficina está al alcance de nuestra mano las 24 horas del día. Sin embargo, es vital establecer límites y tomarnos el tiempo para desconectar. Da un paseo, haz ejercicio o simplemente descansa para recargar energías y mantener el equilibrio entre el trabajo y la vida personal.

Recuerda, el éxito en el home office no se trata solo de cumplir tareas y alcanzar metas, sino también de cuidar de nuestra salud física y mental. La mentalidad adecuada, la organización, el establecimiento de objetivos y el autocuidado son claves fundamentales para triunfar en el trabajo desde casa.

En la segunda parte de este capítulo, exploraremos técnicas prácticas y herramientas que te ayudarán a mantener la eficiencia en el home office. Pero por ahora, es momento de comenzar a implementar estas claves y prepararte para triunfar en esta nueva forma de trabajar. Encontrar el equilibrio y la productividad adecuada en el home office puede ser un desafío, pero con la actitud correcta y las estrategias adecuadas, estamos seguros de que lo lograrás. ¡Continuemos nuestro viaje hacia el éxito!

Una vez que hayas establecido la mentalidad adecuada y organizado tu espacio de trabajo en el home office, es hora de explorar técnicas prácticas y herramientas que te ayudarán a mantener la eficiencia en esta nueva forma de trabajar.

Una de las claves para mantener la eficiencia en el home office es enfocarse en la planificación y la gestión del tiempo. Es importante establecer una lista de tareas diarias y priorizarlas según su importancia y urgencia. Al tener una lista clara y detallada, podrás concentrarte en completar cada tarea de manera eficiente, evitando la procrastinación y las distracciones.

Además, puedes utilizar herramientas digitales que te ayuden a mantener el control de tus tareas y proyectos. Aplicaciones de gestión de proyectos, como Trello o Asana, te permiten crear tableros y listas de tareas en línea, lo que facilita el seguimiento de tu progreso y el trabajo en equipo.

La gestión del tiempo también implica establecer límites y horarios definidos. Es tentador trabajar en el home office durante todo el día, pero es importante establecer horas de inicio y finalización claras para evitar el agotamiento y el desequilibrio entre el trabajo y la vida personal.

Otra técnica útil es la técnica del Pomodoro. Este método consiste en trabajar en bloques de tiempo de 25 minutos, llamados "pomodoros", seguidos de un breve descanso de 5 minutos. Después de cuatro pomodoros, se toma un descanso más largo de 15 a 30 minutos. Esta técnica ayuda a mantener la concentración y aumentar la productividad al utilizar el tiempo de manera más eficiente.

La comunicación efectiva también juega un papel crucial en el éxito del home office. Al trabajar desde casa, la comunicación con tu equipo y colegas puede volverse un desafío, por lo que es importante utilizar herramientas de comunicación en línea, como Slack o Microsoft Teams, para mantenerse conectado y colaborar de manera efectiva.

Asimismo, es esencial mantener una comunicación clara y abierta con tu familia y seres queridos. Establece límites y horarios específicos para el trabajo y compártelos con tu entorno. Esto ayudará a evitar posibles distracciones y conflictos, permitiéndote mantener el equilibrio entre el trabajo y la vida personal.

Mantener la motivación y la inspiración es otro aspecto fundamental para ser eficiente en el home office. Encuentra formas de mantener tu creatividad y energía en alto, ya sea a través de la música, la meditación o la decoración de tu espacio de trabajo. Haz uso de recursos en línea, como podcasts o libros relacionados con tu área de trabajo, para mantenerte actualizado y motivado.

Además, no subestimes el poder del descanso y la desconexión. Tómate tiempo para ti mismo, ya sea para disfrutar de una actividad que te guste, hacer ejercicio o simplemente relajarte. Establece límites claros entre el trabajo y la vida personal y respétalos. El descanso adecuado te ayudará a recargar energías y a mantener un equilibrio saludable en tu vida.

En resumen, para triunfar en el home office es importante establecer una mentalidad adecuada, organizar tu espacio de trabajo y adoptar técnicas prácticas que te ayuden a gestionar el tiempo y mantener la eficiencia. La comunicación efectiva, la motivación y el autocuidado también son pilares fundamentales para garantizar el éxito en esta nueva forma de trabajar.

Continúa construyendo sobre estas bases y descubrirás que el home office no solo es una realidad que debemos afrontar, sino una oportunidad para crecer, desarrollarnos profesionalmente y encontrar el equilibrio entre la vida laboral y personal. ¡Adelante, empresarios y trabajadores, el éxito en el home office está al alcance de nuestras manos!

CAPÍTULO 2: Creando un espacio de trabajo productivo.

En el mundo actual, el home office se ha convertido en una realidad para muchos empresarios y trabajadores. La posibilidad de trabajar desde casa ofrece una gran flexibilidad y comodidad, pero también plantea un desafío: cómo diseñar y organizar un espacio de trabajo que fomente la eficiencia y el enfoque.

Aprender a maximizar la eficiencia y el enfoque en el home office es fundamental para alcanzar el éxito en esta modalidad de trabajo. Para lograrlo, es necesario contar con un espacio adecuado y bien organizado que nos permita concentrarnos en nuestras tareas y minimizar las distracciones. A continuación, te presentaremos algunas recomendaciones para diseñar y organizar tu espacio de trabajo de manera productiva.

En primer lugar, es importante elegir correctamente el lugar donde ubicaremos nuestra área de trabajo. Idealmente, deberíamos buscar un espacio tranquilo y apartado de las distracciones del hogar. Si no es posible contar con una habitación separada, podemos utilizar separadores o cortinas para crear una sensación de privacidad y delimitar nuestro espacio.

Una vez seleccionado el lugar, es momento de pensar en los muebles y la distribución del espacio. La elección de un escritorio ergonómico y una silla cómoda es esencial para mantener una postura adecuada y prevenir problemas de salud a largo plazo. Además, debemos asegurarnos de tener suficiente superficie de trabajo para colocar el ordenador, los documentos y cualquier otro material necesario.

Además, es recomendable mantener el área de trabajo limpia y ordenada. Un espacio despejado nos ayuda a concentrarnos mejor y evita distracciones innecesarias. Para lograrlo, podemos utilizar organizadores, archivadores y estanterías que nos permitan tener todo en su lugar y de fácil acceso cuando lo necesitemos.

La iluminación también juega un papel importante en la productividad. Es ideal contar con una buena iluminación natural, aprovechando al máximo la luz del día y evitando la fatiga ocular. Si no es posible, las lámparas de luz blanca o neutra son una excelente opción para mantenernos alerta y concentrados.

Otro aspecto a considerar es la decoración. Aunque sea un espacio de trabajo, no tiene por qué ser aburrido. Podemos añadir detalles que nos motiven y nos ayuden a mantener el equilibrio. Por ejemplo, plantas naturales, cuadros con frases inspiradoras o fotografías de momentos felices pueden crear un ambiente agradable y estimulante.

Además del mobiliario y la distribución del espacio, es fundamental contar con los recursos tecnológicos necesarios para trabajar de manera eficiente. Asegúrate de tener una conexión a Internet estable y de calidad, así como los programas y herramientas adecuadas para llevar a cabo tus tareas. Un ordenador rápido y confiable, una impresora multifuncional y auriculares con micrófono son algunos ejemplos de elementos que pueden facilitar tu trabajo.

Recuerda que el objetivo principal de crear un espacio de trabajo productivo es maximizar la eficiencia y el enfoque. Antes de finalizar esta primera parte del capítulo, te recomendamos que te tomes el tiempo necesario para reflexionar sobre tus necesidades y preferencias, adaptando las sugerencias aquí expuestas a tu propio estilo de trabajo.

Una vez que hayas diseñado y organizado tu espacio de trabajo, es importante establecer ciertas rutinas y hábitos que te ayuden a ser más eficiente y mantener el equilibrio en el home office.

En primer lugar, es fundamental establecer horarios fijos de trabajo. Al trabajar desde casa, puede ser tentador prolongar las horas de trabajo o mezclar el tiempo de descanso con las tareas profesionales. Sin embargo, para mantener una buena salud mental y evitar el agotamiento, es necesario establecer límites claros. Define tu horario de trabajo y cúmplelo tanto como sea posible. Esto te permitirá separar claramente tu vida personal de tu vida laboral.

Además, es importante establecer una rutina de inicio y finalización del trabajo. Al igual que cuando trabajabas en una oficina, es beneficioso tener un ritual que te ayude a poner tu mente en modo de trabajo y a desconectar al finalizar la jornada. Esto puede incluir actividades como preparar una taza de café, hacer estiramientos o dedicar unos minutos a meditar. Estos pequeños rituales te ayudarán a enfocarte y a tener una transición más fluida entre tu vida personal y tu trabajo.

Otro aspecto a tener en cuenta es la gestión del tiempo. En el home office, es fácil distraerse o perder la noción del tiempo. Para evitar esto, puedes utilizar técnicas de gestión del tiempo como el método Pomodoro. Consiste en trabajar en bloques de tiempo de 25 minutos, seguidos de un descanso de 5 minutos. Después de completar cuatro bloques, puedes tomar un descanso más largo de 15 o 30 minutos. Esta técnica te ayudará a mantenerte concentrado y a aprovechar al máximo tus momentos de productividad.

Asimismo, es esencial establecer límites con tus familiares y amigos. Cuando trabajas desde casa, es común que los demás piensen que estás disponible en cualquier momento. Explica claramente a tus seres queridos cuáles son tus horarios de trabajo y pide su comprensión para que respeten tu tiempo y espacio laboral. Esto te permitirá tener un mayor enfoque y evitar interrupciones innecesarias.

La comunicación también es clave para ser eficiente en el home office. Asegúrate de mantener una buena comunicación con tus compañeros de trabajo o socios empresariales. Utiliza herramientas de mensajería instantánea, correos electrónicos o videollamadas para estar en contacto y coordinar tareas de manera efectiva. Establece reuniones periódicas para mantener a todos informados y alineados en los objetivos.

Por último, pero no menos importante, no olvides cuidar de ti mismo. El equilibrio entre el trabajo y la vida personal es fundamental para la salud y el bienestar. Aprovecha los momentos de descanso para hacer ejercicio, meditar, leer o realizar cualquier actividad que te relaje y te distraiga del trabajo. Establece límites claros entre tu vida personal y profesional, evitando llevarte trabajo a la cama o a los momentos de ocio. Recuerda que tu bienestar es crucial para mantener la eficiencia en tu trabajo.

En conclusión, crear un espacio de trabajo productivo en el home office es fundamental para alcanzar el éxito. Diseña y organiza tu espacio de manera adecuada, establece rutinas y hábitos que te ayuden a ser más eficiente, establece límites y cuida de tu bienestar. Con estas recomendaciones, estarás en el camino correcto para triunfar en el home office y alcanzar tus metas profesionales. ¡Buena suerte!

Capítulo 3:
Estableciendo rutinas y horarios efectivos

Descubre la importancia de establecer rutinas diarias y horarios efectivos para optimizar tu rendimiento en el teletrabajo.

El teletrabajo, también conocido como home office, se ha convertido en una modalidad de trabajo cada vez más popular en los últimos años. Ya sea que seas un empresario que dirija su propio negocio o un empleado que realiza sus labores desde casa, el establecimiento de rutinas y horarios efectivos resulta fundamental para alcanzar el éxito en esta modalidad laboral. En este capítulo, exploraremos la importancia de establecer estas rutinas y horarios, así como algunas estrategias para lograrlo.

Las rutinas diarias son fundamentales para mantener el equilibrio entre el trabajo y la vida personal, ya que te permiten estructurar tu día de forma productiva. Una rutina bien establecida te ayuda a mantener el enfoque y la disciplina necesarios para realizar tus tareas de manera eficiente. Al tener un horario claro y definido, evitas distracciones y procrastinación, maximizando así tu tiempo y rendimiento.

Para establecer rutinas efectivas, es importante que comiences por definir tus objetivos diarios. Antes de iniciar la jornada, es recomendable hacer una lista de tareas que deseas completar durante el día. Establece prioridades y establece un horario para cada actividad, asignándole un tiempo específico. Esto te ayudará a organizar tu tiempo de manera eficiente y a evitar que se mezclen las actividades laborales con las personales.

Asimismo, es esencial establecer horarios específicos para cada una de tus actividades. Esto incluye horas para comenzar y finalizar tu jornada laboral, pausas para descansar, momentos para el almuerzo y tiempo libre para dedicar a tus hobbies o familia. Establecer límites claros entre el trabajo y la vida personal es crucial para mantener un equilibrio emocional y evitar el agotamiento.

Otra estrategia efectiva es establecer una rutina matutina. Despertar a una hora fija y realizar ciertas actividades antes de comenzar tu jornada laboral te ayudará a prepararte mental y emocionalmente para el trabajo. Puedes aprovechar este tiempo para realizar ejercicio, meditar, leer o cualquier otra actividad que te permita iniciar el día con energía y concentración.

Además, es importante generar hábitos saludables en tu día a día. Esto implica establecer horarios para comer de forma adecuada, hidratarte regularmente y realizar pausas activas para estirarte y relajarte durante tus horas de trabajo. Cuidar de tu bienestar físico te ayudará a mantener un nivel de energía óptimo y a prevenir problemas de salud derivados de una mala postura o sedentarismo.

En resumen, establecer rutinas y horarios efectivos juega un papel crucial en el teletrabajo. Estas prácticas te permiten optimizar tu rendimiento, mantener el equilibrio entre el trabajo y la vida personal, y garantizar una buena salud física y emocional. En la segunda mitad de este capítulo, abordaremos algunas estrategias para superar los desafíos comunes y mantener la motivación en el teletrabajo. ¿Listo para descubrir más secretos para ser eficiente en el home office?

La historia aún no ha finalizado. Continúa con el siguiente capítulo para descubrir más claves para triunfar en el home office. ¿Cómo puedes mantener la motivación y superar los desafíos del teletrabajo? ¡Sigue leyendo y descubre más secretos para ser eficiente y mantener el equilibrio! Trabajar desde casa puede presentar desafíos y obstáculos que pueden afectar nuestra motivación y rendimiento. Sin embargo, existen estrategias efectivas que nos ayudarán a superar estos desafíos y mantenernos enfocados en el teletrabajo.

Una de las claves para mantener la motivación es establecer metas y objetivos claros. Al tener metas definidas, tendrás una dirección clara y un propósito que te impulsará a seguir adelante. Divide tus proyectos en tareas más pequeñas y establece plazos realistas para cada una de ellas. Esto te permitirá dar seguimiento a tu progreso y celebrar los logros alcanzados, lo cual aumentará tu motivación.

Además, es importante establecer límites y saber decir "no". El trabajar desde casa puede generar la tentación de estar disponible las 24 horas del día, los 7 días de la semana. Sin embargo, es fundamental establecer horarios definidos para el trabajo y aprender a desconectarse una vez terminada la jornada laboral. Establece límites claros con tus clientes, compañeros de trabajo y familiares, para que todos comprendan cuándo estás disponible y cuándo no.

La creación de un espacio de trabajo adecuado también es esencial para mantener tu concentración y productividad. Dedica un lugar exclusivo para realizar tus actividades laborales, alejado de distracciones como la televisión o los quehaceres del hogar. Asegúrate de que este espacio esté bien iluminado, organizado y cómodo, para que puedas trabajar de manera eficiente y sin interrupciones.

Asimismo, es importante encontrar técnicas y herramientas que te ayuden a mantener el enfoque y la productividad. Por ejemplo, la técnica de pomodoro consiste en trabajar en intervalos de tiempo fijos, generalmente de 25 minutos, seguidos de breves descansos de 5 minutos. Esta técnica te ayuda a mantener la concentración durante períodos cortos de tiempo y evita la fatiga mental.

Otra herramienta útil es el uso de aplicaciones y programas de gestión del tiempo, como Trello o Asana, que te permitirán organizar tus tareas, establecer plazos y dar seguimiento a tu progreso. Estas herramientas facilitarán tu organización y te ayudarán a gestionar eficientemente tu tiempo.

Además, no olvides que es importante cuidar de tu bienestar emocional. El teletrabajo puede ser solitario en ocasiones, por lo que es fundamental mantener contacto con tus compañeros de trabajo y con otras personas. Programa reuniones virtuales periódicas, en las que puedas discutir proyectos, compartir ideas y mantener el vínculo con tu equipo. También es recomendable hacer pausas para socializar y salir a disfrutar del aire libre, en la medida de lo posible, esto te ayudará a renovar energías y mantener la motivación.

Finalmente, recuerda incorporar tiempo para el autocuidado en tu rutina diaria. Dedica tiempo para hacer ejercicio, meditar o practicar alguna actividad que te relaje y te ayude a recargar tu energía. Mantén una alimentación balanceada y asegúrate de descansar lo suficiente para tener un buen rendimiento laboral.

En conclusión, establecer rutinas y horarios efectivos juega un papel fundamental en el teletrabajo. Sin embargo, también es importante mantener la motivación y superar los desafíos que puedan surgir. Al establecer metas claras, establecer límites, crear un espacio de trabajo adecuado y utilizar herramientas de gestión del tiempo, podrás optimizar tu rendimiento y mantener el equilibrio en el home office. No olvides cuidar de tu bienestar emocional y físico, y recuerda que el teletrabajo puede ser una gran oportunidad para lograr el éxito en tu carrera profesional.

¡Continúa leyendo en el siguiente capítulo para descubrir más claves para triunfar en el home office!

Capítulo 4: Manteniendo el equilibrio entre vida personal y laboral

Trabajar desde casa puede ofrecer muchas ventajas, como mayor flexibilidad y autonomía en tu día a día laboral. Sin embargo, también puede resultar desafiante mantener un equilibrio saludable entre tu vida personal y profesional. En este capítulo, exploraremos estrategias clave para lograrlo.

1. Establece límites claros:

Es esencial marcar una clara separación entre tu vida personal y tu trabajo, aunque ambos se desarrollen en el mismo espacio físico. Establece horarios definidos para trabajar y asegúrate de respetarlos. Del mismo modo, determina un momento en el que cierres tu jornada laboral y te enfoques en tu vida personal. Esto ayudará a evitar la sensación de estar siempre en "modo trabajo" y permitirá que tengas tiempo para distraerte y descansar.

2. Crea un espacio dedicado:

Aunque no todos cuentan con la posibilidad de tener una oficina en casa, es importante tener un lugar específico donde puedas trabajar sin interrupciones. Intenta encontrar un rincón tranquilo donde puedas concentrarte y establecer tu área de trabajo. Al tener esta separación física, será más fácil desconectarse al final del día.

3. Prioriza tus tareas:

Planificar y establecer prioridades es una habilidad esencial para mantener el equilibrio. Identifica las tareas más importantes y urgentes en tu jornada laboral y enfócate en ellas. De esta manera, evitarás la sensación de estar abrumado y te asegurarás de que todas las responsabilidades sean cumplidas.

4. Establece rutinas:

Elabora una rutina diaria que te ayude a mantener un sentido de estructura y orden. Esto incluye fijar horarios para despertar, trabajar, descansar y realizar actividades personales. Las rutinas proporcionan un marco que te permitirá ser más productivo y al mismo tiempo asegurarte de tener tiempo para ti mismo y tus seres queridos.

5. Toma descansos regulares:

Es fácil caer en la tentación de trabajar sin parar cuando estás en casa. Sin embargo, es importante recordar la importancia de los descansos. Programa breves pausas a lo largo del día para estirarte, dar un paseo o simplemente desconectar durante unos minutos. Estos descansos te ayudarán a recargar energías y mantener la concentración.

6. Comunícate efectivamente:

El home office puede generar un sentimiento de aislamiento, por lo que es fundamental mantener una buena comunicación con tus colegas y seres queridos. Utiliza herramientas de comunicación digital como correos electrónicos, videollamadas o chats para mantener la conexión con tu equipo de trabajo. Del mismo modo, asegúrate de mantener una comunicación abierta con tu familia, compartiendo tus horarios y necesidades.

7. Establece límites con los demás:

Si compartes tu hogar con otras personas, es importante establecer límites y respetarlos. Comunica claramente tus horarios de trabajo y pide a los demás que los respeten. Asimismo, evita caer en la tentación de realizar tareas domésticas durante tu jornada laboral. Delimitar estas fronteras te permitirá tener un ambiente más profesional y tranquilo para trabajar.

Estas estrategias te ayudarán a mantener un equilibrio saludable entre tu vida personal y laboral mientras trabajas desde casa. Recuerda que cada persona tiene sus propias necesidades y circunstancias, por lo que es importante ajustar estas recomendaciones según tu situación. En la segunda mitad de este capítulo exploraremos otras estrategias que te serán útiles para alcanzar el éxito en tu home office. ¡Sigue leyendo y descubre más secretos para triunfar en esta modalidad laboral emocionante!8. Practica la gestión del tiempo: Una de las claves para mantener el equilibrio entre tu vida personal y laboral en el home office es tener una buena gestión del tiempo. Aprender a administrar efectivamente tu tiempo te ayudará a evitar la sensación de estar siempre trabajando o siempre ocupado. Aquí te presento algunas estrategias de gestión del tiempo que puedes implementar:

- Planificación: Dedica unos minutos al inicio de cada día para planificar tus tareas y establecer metas realistas. Prioriza las tareas más importantes y asigna un tiempo específico para realizarlas. Esto te permitirá tener una idea clara de lo que debes hacer y evitarás sentirte abrumado.

- Batching: Agrupa tareas similares y realízalas en bloques de tiempo designados. Por ejemplo, puedes reservar un par de horas por la mañana para responder correos electrónicos, hacer llamadas telefónicas o realizar tareas administrativas. De esta manera, evitarás la interrupción constante de cambiar entre diferentes tareas y serás más eficiente.

- Elimina las distracciones: Identifica las principales distracciones que te impiden concentrarte en tu trabajo y busca formas de eliminarlas. Puede ser apagar las notificaciones del teléfono, evitar revisar constantemente las redes sociales o establecer períodos de tiempo dedicados exclusivamente al trabajo, sin interrupciones.

- Delegación: Si cuentas con un equipo de trabajo o empleados, aprovecha la oportunidad para delegar tareas que no requieran tu atención personal. Delegar te ayudará a liberar tiempo y concentrarte en las responsabilidades que realmente requieren tu participación.

- Establece límites de tiempo: Es importante establecer límites para evitar dedicar demasiado tiempo al trabajo y descuidar tu vida personal. Fija una hora específica para finalizar tu jornada laboral y respétala. Del mismo modo, establece límites de tiempo para las tareas y evita prolongarlas innecesariamente.

9. Practica el autocuidado: En el contexto del trabajo desde casa, es crucial cuidar de ti mismo tanto física como mentalmente. Aquí hay algunas formas de practicar el autocuidado:

- Mantén una rutina de ejercicio: Realizar actividad física regularmente te ayudará a mantener un equilibrio saludable y a reducir el estrés. Puedes hacer ejercicios en casa, como yoga, pilates o ejercicios cardiovasculares, según tus preferencias.

- Duerme lo suficiente: El descanso adecuado es fundamental para tener un rendimiento óptimo. Asegúrate de mantener una rutina de sueño regular y de dedicar el tiempo necesario para descansar y recuperarte.

- Alimentación saludable: Presta atención a tu alimentación y asegúrate de llevar una dieta equilibrada y nutritiva. Evita caer en la tentación de comer alimentos poco saludables o picotear constantemente mientras trabajas.

- Toma tiempo para ti: Dedica momentos del día para hacer actividades que disfrutes y te permitan desconectar del trabajo. Puede ser leer un libro, escuchar música, meditar o practicar tus hobbies favoritos. Estos momentos de recreación te ayudarán a recargar energías y mantener el equilibrio emocional.

10. Aprende a desconectar: Trabajar desde casa puede dificultar la desconexión del trabajo, especialmente cuando el espacio físico de trabajo y el hogar están tan cerca. Aquí tienes algunas estrategias para desconectar:

- Establece un ritual de cierre: Al finalizar tu jornada laboral, crea un ritual que te permita cerrar el día de trabajo y pasar a tu vida personal. Puede ser algo tan simple como apagar el ordenador, guardar tus materiales de trabajo o hacer una breve actividad que te ayude a despejar la mente.

- Establece límites de disponibilidad: Comunica claramente a tus colegas y clientes cuáles son tus horarios de disponibilidad. Esto te ayudará a evitar la tentación de responder correos electrónicos o realizar tareas fuera de tu horario laboral establecido.

- Disfruta de actividades fuera del trabajo: Dedica tiempo a disfrutar de actividades que no estén relacionadas con el trabajo. Esto puede incluir pasar tiempo con tu familia y amigos, hacer ejercicio al aire libre o visitar lugares que te gusten. Estas actividades te ayudarán a recargar energías y mantener una perspectiva equilibrada.

Implementar estas estrategias te ayudará a mantener un equilibrio saludable entre tu vida personal y laboral mientras trabajas desde casa. Recuerda que cada persona es única y puede adaptar estas recomendaciones según sus necesidades y circunstancias. Continúa explorando y descubriendo nuevas formas de triunfar en esta emocionante modalidad laboral del home office. ¡Sigue leyendo y éxito en tu camino hacia el equilibrio y la eficiencia!

Capítulo 5:
Implementando técnicas de gestión del tiempo

En un mundo cada vez más digitalizado y conectado, el home office se ha convertido en una opción atractiva tanto para empresarios como para trabajadores. La posibilidad de trabajar desde la comodidad del hogar brinda flexibilidad y libertad, pero también implica grandes desafíos. Uno de los retos más importantes es la gestión efectiva del tiempo.

En este capítulo, descubriremos diversas técnicas y herramientas para administrar nuestro tiempo de manera eficiente y cumplir con nuestras tareas y metas mientras trabajamos desde casa. Sabemos que la organización y la productividad son fundamentales, por lo que estaremos compartiendo valiosos consejos que te ayudarán a optimizar tus jornadas laborales.

La primera técnica clave que debemos implementar es la planificación. Es esencial establecer metas diarias, semanales y mensuales para dirigir nuestras acciones. La creación de una lista de tareas pendientes nos permitirá visualizar claramente lo que debemos hacer y poner en marcha un plan de trabajo efectivo.

Una herramienta muy útil para la planificación es el uso de calendarios o agendas digitales. Estos nos ayudarán a organizar nuestras actividades, establecer recordatorios y asignar tiempo específico para cada tarea. Asegúrate de utilizar una aplicación que se adapte a tus necesidades y preferencias, como Google Calendar o Todoist.

La segunda técnica importante es la priorización. En el home office, podemos enfrentarnos a múltiples demandas y distracciones a lo largo del día. Para evitar sentirnos abrumados, es fundamental identificar y priorizar nuestras tareas más importantes. Enfócate en aquellas que tienen un impacto directo en tus objetivos y realiza un esfuerzo consciente para completarlas.

Una estrategia efectiva es utilizar la matriz de Eisenhower, la cual clasifica las tareas en base a su urgencia e importancia. Divide tus actividades en cuatro categorías: urgentes e importantes, importantes pero no urgentes, urgentes pero no importantes, y ni urgentes ni importantes. Prioriza las actividades de la primera categoría y procura delegar o eliminar aquellas que pertenezcan a la última.

La tercera técnica que implementaremos es la gestión de interrupciones y distracciones. Trabajar desde casa puede exponernos a tentaciones como las redes sociales, la televisión o incluso tareas domésticas. Es fundamental establecer límites y evitar caer en la procrastinación.

Una estrategia efectiva es trabajar en bloques de tiempo dedicados a una sola tarea. Durante ese período, apaga las notificaciones de tus dispositivos y crea un ambiente libre de distracciones. Además, establece límites claros con tu familia y seres queridos para evitar interrupciones durante tus momentos de concentración.

La cuarta técnica que exploraremos es la automatización. En el mundo digital actual, existen numerosas herramientas y aplicaciones que pueden ayudarnos a optimizar nuestras tareas y ahorrar tiempo. La automatización nos permite delegar ciertas responsabilidades a sistemas o programas, liberándonos para centrarnos en actividades más importantes.

Por ejemplo, puedes utilizar herramientas de gestión de proyectos como Trello o Asana para organizar y coordinar tareas con tu equipo de trabajo de manera eficiente. También, puedes aprovechar el potencial de los chatbots o asistentes virtuales para atender consultas frecuentes y brindar respuestas rápidas a tus clientes.

Implementar estas técnicas y herramientas en la gestión del tiempo desde el home office te ayudará a ser más eficiente y a lograr un equilibrio entre tu vida laboral y personal. A medida que adquieras experiencia en su aplicación, te sorprenderás de cómo puedes llevar a cabo tus tareas de manera más efectiva y alcanzar tus metas con mayor facilidad.

Recuerda que la planificación, la priorización, la gestión de interrupciones y la automatización son solo algunas de las herramientas disponibles. En la segunda mitad de este capítulo, descubriremos más consejos y técnicas que te permitirán llevar tu productividad al siguiente nivel. Mantente atento, ¡lo mejor está por venir!

Continuará...En la segunda mitad de este capítulo, seguiremos explorando técnicas y herramientas adicionales para gestionar eficientemente nuestro tiempo en el home office. Estas estrategias te ayudarán a mantenerte enfocado, motivado y productivo a lo largo de tus jornadas laborales.

La quinta técnica que destacaremos es la delegación. A veces, puede ser difícil aceptar que no podemos hacerlo todo por nosotros mismos. Sin embargo, reconocer nuestras limitaciones y aprender a confiar en los demás es esencial para optimizar nuestro tiempo y aprovechar al máximo nuestras habilidades. Identifica las tareas que pueden ser realizadas por otros miembros del equipo o incluso por servicios externos y trabaja en conjunto para delegar adecuadamente. Esto no solo liberará tu carga de trabajo, sino que también permitirá que otros desarrollen nuevas habilidades y se sientan valorados en el proceso.

La sexta técnica importante es establecer límites y crear una rutina. Aunque el home office ofrece flexibilidad, también puede llevar a una falta de estructura y a una mezcla constante entre la vida laboral y personal. Establecer horarios definidos y respetarlos es fundamental para mantener el equilibrio y evitar la sensación de estar siempre trabajando. Además, asegúrate de tomar descansos regulares durante el día para recargar energías y evitar el agotamiento.

La séptima técnica que exploraremos es la gestión del tiempo por bloques temáticos. Esta estrategia consiste en agrupar tareas similares o relacionadas y dedicar un bloque específico de tiempo para completarlas. Por ejemplo, puedes establecer una hora para revisar y responder correos electrónicos, otra para realizar llamadas telefónicas, y así sucesivamente. Esta técnica te ayudará a mantener la concentración y a maximizar la eficiencia en tus actividades diarias.

La octava técnica clave es aprender a decir "no". En ocasiones, podemos sentirnos obligados a aceptar todas las tareas y responsabilidades que se nos asignan, aunque esto implique sobrecargarnos de trabajo. Sin embargo, aprender a establecer límites y priorizar nuestras propias metas y objetivos es esencial para mantener el equilibrio y la productividad en el home office. Evalúa cuidadosamente cada solicitud y considera si realmente tienes el tiempo y los recursos necesarios para cumplirla antes de comprometerte.

La novena técnica que implementaremos es la revisión y ajuste periódico de nuestras estrategias de gestión del tiempo. A medida que adquieras experiencia en el trabajo desde casa, es importante evaluar regularmente tus métodos y técnicas para asegurarte de que siguen siendo efectivos. Pregunta a ti mismo: ¿Qué está funcionando bien? ¿Qué puede mejorarse? Realiza los ajustes necesarios para optimizar continuamente tu enfoque y mantener altos niveles de productividad.

Para cerrar este capítulo, queremos recordarte la importancia de encontrar el equilibrio entre el trabajo y la vida personal. Aunque el home office puede brindar flexibilidad y comodidad, también puede resultar en una línea borrosa entre estos dos aspectos fundamentales de nuestras vidas. Busca actividades que te permitan desconectar y relajarte después de tu jornada laboral, ya sea hacer ejercicio, leer un libro o pasar tiempo con tu familia. Mantener una vida equilibrada te ayudará a ser más productivo y feliz en el trabajo.

En conclusión, implementar estas técnicas y herramientas en la gestión del tiempo desde el home office te permitirá alcanzar un mayor nivel de eficiencia, cumplir tus metas y mantener un equilibrio entre tu vida laboral y personal. Recuerda que la planificación, la priorización, la gestión de interrupciones, la automatización, la delegación, el establecimiento de límites, la gestión del tiempo por bloques temáticos, aprender a decir "no" y la revisión y ajuste periódico son herramientas poderosas a tu disposición. ¡Sigue aplicando estas estrategias y descubrirás un nuevo nivel de éxito en el home office!

Seguiremos explorando más consejos y técnicas en los próximos capítulos, así que mantente atento a lo que está por venir. ¡Continúa descubriendo las claves para triunfar en el home office y ser eficiente en tu trabajo!

Capítulo 6: Cómo mantener la motivación y la concentración

Trabajar desde casa, en un entorno alejado de la rutina de la oficina, puede resultar todo un desafío para mantener la motivación y la concentración. Aunque el home office ofrece beneficios como la flexibilidad horaria y la comodidad, también puede presentar obstáculos que afectan nuestro rendimiento. En este capítulo, descubrirás consejos prácticos para mantener tu motivación y concentración en el teletrabajo, incluso en momentos desafiantes.

1. Diseña tu espacio de trabajo

El entorno en el que trabajamos tiene un impacto significativo en nuestro nivel de concentración y productividad. Es esencial crear un espacio de trabajo dedicado, donde te sientas cómodo y sin distracciones. Puedes considerar colocar plantas, elementos decorativos o incluso música ambiental para estimular tu creatividad. Además, asegúrate de contar con una silla ergonómica y una buena iluminación, ya que esto contribuirá a tu comodidad y bienestar durante la jornada laboral.

2. Establece horarios y rutinas

Crear y mantener una rutina diaria es fundamental para mantener la motivación y la concentración en el home office. Establece horarios de trabajo claros y respétalos tanto como sea posible. Establecer límites claros entre tu vida personal y profesional te ayudará a concentrarte en cada tarea sin mezclar roles y responsabilidades. Además, planificar tus actividades con antelación y establecer metas realistas te permitirá mantener el enfoque en tus objetivos.

3. Minimiza las distracciones

Uno de los mayores desafíos del teletrabajo es el constante flujo de distracciones a nuestro alrededor. Para mantener la motivación y la concentración, es fundamental minimizar estas distracciones al máximo. Apaga las notificaciones innecesarias en tu teléfono móvil o computadora, y si es posible, mantén tu puerta cerrada. Considera también informar a tus seres queridos sobre tus horarios de trabajo y pídeles que respeten tu espacio y tiempo dedicado exclusivamente a tus labores profesionales.

4. Practica técnicas de gestión del tiempo

La gestión del tiempo desempeña un papel vital en el mantenimiento de la concentración y la motivación. Aprender técnicas como la técnica Pomodoro, en la que trabajas en intervalos de tiempo específicos con descansos cortos, puede ayudarte a mantener la productividad y evitar la fatiga mental. También es recomendable establecer un sistema de prioridades para organizar tus tareas de acuerdo a su importancia y urgencia. Esto te permitirá enfocarte en lo realmente relevante y evitar distracciones innecesarias.

5. Encuentra fuentes de inspiración

La motivación puede decaer en momentos de estrés o monotonía. Es importante encontrar fuentes de inspiración para mantenernos motivados y enfocados en nuestros objetivos. Puedes buscar frases motivadoras, leer libros o artículos relacionados con tu área de interés, seguir a referentes en el mundo empresarial o incluso encontrar un mentor que te brinde orientación y apoyo. Mantener un estado mental positivo y rodearte de ideas estimulantes contribuirá a mantener tu motivación durante el teletrabajo.

6. Cuida tu bienestar físico y emocional

El equilibrio entre el trabajo y la vida personal es fundamental para mantener la motivación y la concentración. Asegúrate de dedicar tiempo a tus actividades de ocio, practicar ejercicio físico regularmente y cuidar tu alimentación. Además, es importante cultivar una mentalidad saludable, aprender a gestionar el estrés y buscar apoyo si es necesario. Mantener una buena salud física y emocional contribuirá a tu bienestar general y, por ende, a tu rendimiento laboral.

¡Has llegado al final de la primera parte de este capítulo! Ahora ya conoces algunos consejos prácticos para mantener la motivación y la concentración en el teletrabajo. Pero esto no es todo, aún hay más por descubrir en la segunda parte. Continúa leyendo para explorar estrategias adicionales que te ayudarán a alcanzar el éxito en el home office. Te esperamos en el siguiente capítulo para seguir aprendiendo juntos. El segundo medio de este capítulo se centra en seguir brindando consejos prácticos para mantener la motivación y la concentración en el home office. A continuación, exploraremos estrategias adicionales que te ayudarán a alcanzar el éxito en tu experiencia de trabajo desde casa.

7. Establece metas a corto plazo

No importa cuán grande o pequeño sea tu proyecto en el home office, establecer metas a corto plazo puede ayudarte a mantener la motivación y la concentración. Divide tus tareas en objetivos específicos y alcanzables, y celebra tus logros al cumplirlos. Esto te dará un sentido de progreso y satisfacción, y te motivará para seguir adelante.

8. Mantén una comunicación efectiva

El teletrabajo puede generar una desconexión con tus colegas y superiores, lo que puede afectar tu motivación y concentración. Es fundamental mantener una comunicación efectiva y constante con tu equipo de trabajo. Utiliza herramientas de comunicación como correos electrónicos, llamadas o videollamadas para mantenerse actualizado sobre los proyectos, resolver dudas y colaborar en equipo. Además, agenda reuniones virtuales regulares para mantener un vínculo humano y fortalecer la relación laboral.

9. Haz descansos estratégicos

Es tentador permanecer pegado a la pantalla durante horas y horas, pero esto puede agotar rápidamente tu concentración y productividad. Haz descansos estratégicos para recargar energías y mantener la motivación. Programa pequeños descansos de cinco a diez minutos cada hora, y aprovecha estos momentos para estirarte, tomar aire fresco, hacer ejercicios de relajación o simplemente descansar la mente. Esto te ayudará a mantener un equilibrio durante tu jornada laboral.

10. Aprovecha el poder de la música

La música puede ser una herramienta poderosa para mantener la motivación y la concentración en el home office. Encuentra una lista de reproducción o género musical que te inspire y te ayude a mantenerte enfocado en tus tareas. Evita las canciones con letras distractores y opta por melodías relajantes o estimulantes, según tus necesidades. La música adecuada puede contribuir a crear un ambiente propicio para la concentración y motivación.

11. Mantén una mentalidad positiva

El poder de la mente es increíble, y mantener una mentalidad positiva puede marcar la diferencia en tu experiencia de trabajo en el home office. Enfócate en los aspectos positivos de esta modalidad laboral, como la flexibilidad o la posibilidad de evitar el tráfico diario. Reconoce tus logros y celebra tus éxitos, por pequeños que sean. El ser consciente de tus habilidades y fortalezas te impulsará a seguir adelante y mantener una actitud proactiva y motivada.

12. Aprende de los desafíos

Trabajar desde casa puede presentar desafíos y obstáculos inesperados, pero es importante aprender de ellos y encontrar soluciones efectivas. Enfrenta los desafíos como oportunidades para crecer y mejorar tus habilidades de trabajo remoto. Si te encuentras con dificultades para mantener la motivación o la concentración, tómate un momento para reflexionar y evaluar qué aspectos puedes mejorar en tu rutina o entorno de trabajo.

En resumen, mantener la motivación y la concentración en el teletrabajo puede resultar todo un desafío, pero con estos consejos prácticos podrás superarlo con éxito. Desde diseñar tu espacio de trabajo hasta aprender de los desafíos, cada recomendación es clave para mantener un rendimiento óptimo en el home office. Recuerda mantener una mentalidad positiva, establecer metas a corto plazo y aprovechar el poder de la comunicación efectiva. ¡Sigue implementando estas estrategias y disfruta de los beneficios de trabajar desde casa!

¡Felicitaciones por haber llegado al final de este capítulo! Esperamos que hayas encontrado útiles estos consejos prácticos para mantener la motivación y la concentración en el home office. Continúa explorando el libro para descubrir más claves para triunfar en esta modalidad laboral. En el siguiente capítulo, abordaremos el tema de la gestión del estrés y cómo mantener un equilibrio saludable en el teletrabajo. Hasta entonces, ¡sigue trabajando con motivación y éxito!

Descubre las claves para triunfar en el home office: Secretos para ser eficiente y mantener el equilibrio

Capítulo 7:
Herramientas y tecnologías para el trabajo remoto

El trabajo remoto se ha convertido en una realidad cada vez más presente en el mundo laboral actual. Tanto empresarios como trabajadores han tenido que adaptarse rápidamente a esta nueva forma de trabajar desde casa. Para lograr el éxito en el home office, es fundamental contar con las herramientas y tecnologías adecuadas que faciliten la comunicación, colaboración y productividad. En este capítulo, descubre las mejores opciones disponibles para hacer del trabajo remoto una experiencia eficiente y exitosa.

1. Plataformas de comunicación y videoconferencia:

La comunicación efectiva es uno de los pilares fundamentales para el trabajo remoto. Afortunadamente, existen diversas plataformas que ofrecen soluciones de mensajería instantánea, llamadas y videoconferencias, permitiendo mantener una comunicación fluida entre los miembros del equipo. Algunas de las opciones más populares incluyen Zoom, Microsoft Teams y Slack. Estas herramientas te proporcionan la posibilidad de realizar reuniones virtuales, compartir archivos e interactuar de manera fácil y rápida.

2. Herramientas de gestión de proyectos y tareas:

Para mantener la productividad en el home office, es importante organizar y dar seguimiento a las tareas y proyectos. Existen muchas herramientas disponibles que te permiten crear listas de tareas, asignar responsabilidades, establecer plazos y dar seguimiento al progreso de los proyectos. Algunas opciones populares son Trello, Asana y Monday. Estas herramientas facilitan la colaboración, la asignación de tareas y la visualización del avance de los proyectos de manera clara y ordenada.

3. Almacenamiento en la nube:

El almacenamiento en la nube se ha convertido en una solución indispensable para el trabajo remoto. Esta tecnología permite acceder a archivos y documentos desde cualquier dispositivo y lugar, sin preocuparse por la pérdida de información o la falta de actualización. Plataformas como Dropbox, Google Drive y Microsoft OneDrive ofrecen soluciones seguras y confiables para almacenar y compartir archivos, lo que facilita la colaboración en tiempo real.

4. Herramientas de productividad personal:

El home office puede presentar ciertos desafíos en cuanto a la gestión del tiempo y la concentración. Es importante contar con herramientas que te ayuden a mantener el enfoque y ser productivo. Aplicaciones como RescueTime, Forest o Pomodoro Timer pueden ayudarte a gestionar tu tiempo de manera efectiva, controlar el tiempo dedicado a cada tarea y evitar distracciones, incrementando así tu productividad.

5. Servicios de seguimiento y análisis de proyectos:

Para tener un panorama completo del progreso de los proyectos y analizar los resultados obtenidos en el trabajo remoto, es recomendable utilizar servicios de seguimiento y análisis. Herramientas como Google Analytics, que permiten medir el tráfico de tu sitio web o aplicación, o servicios como HubSpot, que ofrecen métricas y seguimiento de ventas, pueden ser de gran utilidad para evaluar el desempeño y tomar decisiones informadas.

En resumen, el éxito en el trabajo remoto depende en gran medida de las herramientas y tecnologías que utilicemos. La comunicación, colaboración y productividad son aspectos fundamentales para lograr una experiencia exitosa en el home office. El uso de plataformas de comunicación y videoconferencia, herramientas de gestión de proyectos y tareas, almacenamiento en la nube, herramientas de productividad personal y servicios de seguimiento y análisis, nos ayudarán a maximizar nuestra eficiencia y mantener el equilibrio en nuestro trabajo remoto.

6. Evaluación y selección de herramientas:

Una vez que conoces las diferentes herramientas y tecnologías disponibles para el trabajo remoto, es importante evaluar cuáles se adaptan mejor a tus necesidades y las de tu equipo. Cada empresa o proyecto puede requerir diferentes características y funcionalidades, por lo que es crucial realizar una evaluación exhaustiva antes de tomar una decisión.

Para llevar a cabo esta evaluación, considera preguntas como: ¿Cuál es el tamaño de mi equipo y cuántas personas deberán utilizar la herramienta? ¿Qué tipo de proyectos o tareas realizamos con mayor frecuencia? ¿Requerimos una comunicación constante y fluida entre los miembros del equipo? ¿Qué nivel de seguridad necesitamos para proteger nuestra información confidencial?

Una vez que hayas identificado tus necesidades y requisitos, podrás comparar las diferentes opciones disponibles en el mercado. Considera factores como la facilidad de uso, la compatibilidad con otros sistemas o plataformas, la accesibilidad desde diferentes dispositivos y la escalabilidad a medida que tu equipo crece. Además, lee reseñas y solicita recomendaciones a otros profesionales que ya estén utilizando estas herramientas. Su experiencia puede ayudarte a tomar la mejor decisión.

Recuerda que no hay una única respuesta correcta, sino que la elección de las herramientas dependerá de tu contexto y preferencias específicas. Algunas empresas pueden encontrar que una plataforma de comunicación más intuitiva es clave para su éxito, mientras que otras pueden valorar más la integración con herramientas de gestión de proyectos existentes.

7. Mantenimiento y actualización de las herramientas:

Una vez que hayas seleccionado las herramientas adecuadas para tu trabajo remoto, es importante realizar un seguimiento constante para asegurarte de que están cumpliendo con tus expectativas y necesidades en evolución. Esto implica tanto mantener actualizadas las diferentes herramientas como evaluar si su uso está resultando eficiente y efectivo.

Muchas herramientas ofrecen actualizaciones periódicas con nuevas funcionalidades y mejoras de seguridad. Asegúrate de estar al tanto de estas actualizaciones y de aprovechar al máximo las nuevas características que puedan beneficiar tu trabajo. Además, mantén un canal de comunicación abierto con el equipo, solicitando su retroalimentación y opiniones sobre el uso de las herramientas. Esto te permitirá identificar oportunidades de mejora y realizar ajustes si es necesario.

Además, recuerda que el aprendizaje y la capacitación continua son fundamentales para aprovechar al máximo las herramientas y tecnologías disponibles. Dedica tiempo a explorar las funcionalidades menos conocidas de las herramientas que utilizas y busca recursos en línea, como tutoriales o webinars, que te ayuden a sacar el máximo provecho de ellas. Incluso puedes considerar la posibilidad de brindar capacitación interna a tu equipo para garantizar que todos estén al tanto de las mejores prácticas y puedan utilizar las herramientas de manera efectiva.

En conclusión, la selección, evaluación, y mantenimiento adecuado de las herramientas y tecnologías para el trabajo remoto son fundamentales para alcanzar la eficiencia y el equilibrio en el home office. Recuerda que cada empresa es única, por lo que es importante identificar tus necesidades específicas y evaluar cuidadosamente las opciones disponibles. Mantén un seguimiento constante y busca oportunidades para mejorar y optimizar el uso de las herramientas en tu día a día. Con una selección adecuada y una gestión efectiva, podrás potenciar la comunicación, colaboración y productividad en el trabajo remoto, y así triunfar en esta nueva forma de trabajar desde casa.

¡El éxito en el home office está al alcance de tus manos!

Capítulo 8: Estrategias para una comunicación efectiva en el home office

Trabajar desde casa indudablemente tiene sus ventajas: mayor flexibilidad, ahorro de tiempo en desplazamientos, comodidad y la posibilidad de conciliar vida personal y laboral de manera más equilibrada. Sin embargo, también implica desafíos, especialmente cuando se trata de la comunicación con colegas, jefes y clientes. En este capítulo, aprenderás a comunicarte de manera clara y efectiva en el home office, asegurando que tus mensajes lleguen correctamente y que se establezcan relaciones laborales sólidas, incluso a distancia.

1. Utiliza herramientas tecnológicas adecuadas: Una buena comunicación en el home office requiere hacer uso de las herramientas tecnológicas apropiadas. Es esencial contar con una conexión rápida a internet y una computadora o dispositivo móvil confiable. Además, puedes utilizar plataformas de comunicación como correo electrónico, aplicaciones de mensajería instantánea o videoconferencias para mantener una comunicación fluida y constante.

2. Establece horarios para la comunicación: Al trabajar desde casa, existen más posibilidades de interrupciones y distracciones. Para evitar malentendidos y asegurar una comunicación efectiva, es recomendable establecer horarios específicos para las comunicaciones. De esta manera, todos los involucrados podrán organizarse mejor y asegurar que estarán disponibles para responder mensajes o participar en reuniones virtuales.

3. Sé claro y conciso en tus mensajes: La comunicación escrita cobra una mayor importancia en el home office. Al no contar con la comunicación presencial, es fundamental expresar tus ideas de manera clara y concisa. Evita utilizar expresiones ambiguas o jerga innecesaria. Organiza tus ideas y sé directo en tus mensajes para evitar confusiones y malinterpretaciones.

4. Utiliza el lenguaje no verbal: Aunque te encuentres trabajando desde casa, también es posible utilizar el lenguaje no verbal para reforzar tus mensajes. Durante las videoconferencias, presta atención a tu postura, mirada y gestos faciales. Estos detalles pueden transmitir confianza y mostrar interés en la conversación. Además, asegúrate de mantener un fondo ordenado y profesional en tu entorno de trabajo virtual.

5. Practica la escucha activa: Una buena comunicación implica también saber escuchar. Al trabajar desde casa, es aún más importante practicar la escucha activa para entender claramente las necesidades y requerimientos de tus colegas, jefes y clientes. Presta atención a los detalles, haz preguntas pertinentes y muestra empatía hacia sus preocupaciones. Esto te ayudará a establecer relaciones laborales sólidas y a resolver problemas eficientemente.

6. Adapta tu estilo de comunicación: Cada persona tiene un estilo de comunicación diferente. Al interactuar con diferentes personas durante tu jornada laboral, es importante ser flexible y adaptar tu estilo de comunicación para que se ajuste a cada interlocutor. Por ejemplo, algunos puedes preferir mensajes cortos y directos, mientras que otros pueden requerir mayor contextualización. Aprender a adaptarte a diferentes estilos de comunicación te permitirá establecer una comunicación efectiva con todos los involucrados en tu trabajo.

Recuerda que una comunicación efectiva es fundamental para el éxito en el home office. En la segunda parte de este capítulo, profundizaremos en estrategias adicionales que te ayudarán a mantener y fortalecer tus relaciones laborales mientras trabajas desde casa. ¡No te lo pierdas!7. Establece reuniones virtuales regulares: Una de las mejores maneras de mantener una comunicación efectiva en el home office es programando reuniones virtuales frecuentes con tus colegas, jefes y clientes. Estas reuniones te permitirán discutir proyectos, compartir ideas y resolver problemas de manera más rápida y eficiente. Además, fomentarán un sentido de camaradería y colaboración en el equipo, a pesar de la distancia física. Para asegurarte de que las reuniones sean productivas, establece una agenda clara, define los objetivos a tratar y envía la información necesaria con anticipación. Durante la reunión, fomenta la participación activa de todos los involucrados y asigna responsabilidades claras al finalizar.

8. Utiliza la retroalimentación constructiva: La retroalimentación es fundamental para mejorar la comunicación y garantizar que todos los mensajes sean comprendidos correctamente. Al trabajar desde casa, es importante promover una cultura de retroalimentación constructiva, tanto hacia tus colegas como hacia ti mismo. Brinda comentarios claros y específicos sobre el trabajo realizado, reconociendo los logros y sugiriendo mejoras en caso necesario. Además, no olvides recibir y aceptar la retroalimentación de tus compañeros, aprovechando las oportunidades de crecimiento personal y profesional que se presenten.

9. Mantén la ética profesional en tus comunicaciones: Aunque estés trabajando en casa, es fundamental mantener un alto nivel de ética profesional en tus comunicaciones. Respeta las normas de cortesía, evita comentarios o chistes ofensivos y cuida el tono y lenguaje utilizado en tus mensajes. Recuerda que tus palabras pueden ser interpretadas de diferentes maneras y que una comunicación respetuosa y profesional es clave para una relación laboral sólida.

10. Haz uso adecuado de los canales de comunicación: En el home office, es importante utilizar los canales de comunicación adecuados para cada situación. Por ejemplo, el correo electrónico es ideal para comunicaciones formales o que requieran un registro escrito, mientras que las aplicaciones de mensajería instantánea pueden ser utilizadas

para consultas rápidas o conversaciones informales. Además, las videoconferencias son ideales para discusiones en tiempo real y para establecer conexiones más cercanas con tus interlocutores. Asegúrate de elegir el canal adecuado para cada caso, optimizando así tu comunicación en el home office.

11. Establece límites claros entre el trabajo y la vida personal: En el home office, es fácil caer en la tentación de realizar tareas personales durante el horario de trabajo o viceversa. Para evitar confusiones y asegurar una comunicación efectiva, es fundamental establecer límites claros entre el trabajo y la vida personal. Define horarios específicos para cada aspecto de tu vida y comunícaselos a tus colegas, jefes y clientes de manera clara. Esto te ayudará a mantener la concentración en tus tareas laborales y a garantizar que todos respeten tu tiempo personal.

12. Cultiva relaciones personales virtuales: Aunque el contacto físico no sea posible, es importante cultivar relaciones personales con tus colegas, jefes y clientes, incluso en el entorno virtual. Dedica tiempo a conversaciones informales, pregunta cómo están y muestra interés en su bienestar. Esto ayudará a fortalecer los lazos laborales y a mantener un ambiente de trabajo positivo y colaborativo. Además, no olvides utilizar el humor y la empatía en tus mensajes, ya que estos elementos pueden contribuir a una comunicación más cercana y amigable.

Recuerda, el éxito en el home office depende en gran medida de una comunicación efectiva. Implementa estas estrategias y verás cómo tus relaciones laborales se fortalecen y tus proyectos avanzan sin contratiempos, incluso a distancia. En el próximo capítulo, exploraremos otras estrategias y tips para mantener el equilibrio entre el trabajo y la vida personal mientras trabajas desde casa. ¡No te pierdas esta guía completa para triunfar en el home office!

Capítulo 9: Gestión del estrés y el cuidado de la salud mental.

La gestión del estrés y el cuidado de la salud mental son aspectos fundamentales para mantener un equilibrio adecuado mientras trabajamos desde casa. En el contexto empresarial, donde se espera que seamos productivos y eficientes, es esencial contar con herramientas y técnicas que nos ayuden a manejar el estrés y cuidar de nuestra salud mental.

Trabajar desde casa puede ser un desafío, especialmente para aquellos empresarios y trabajadores acostumbrados a un entorno de oficina tradicional. La falta de separación entre la vida personal y profesional, así como la ausencia de interacciones sociales regulares, pueden generar un mayor estrés y afectar nuestra salud emocional.

Para comenzar, es importante establecer límites claros entre el trabajo y el tiempo personal. El home office puede llevarnos a trabajar fuera de horario y a prolongar nuestras jornadas laborales. Es fundamental fijar un horario de trabajo definido y respetarlo. Al finalizar la jornada, debemos desconectarnos y dedicar tiempo a actividades que nos ayuden a relajarnos y descansar.

Además, es vital mantener un espacio de trabajo adecuado y organizado. Diseñar un entorno físico propicio para la concentración y la productividad nos ayudará a evitar distracciones y a mantenernos enfocados en nuestras tareas laborales. Asimismo, es recomendable tener una rutina diaria que incluya descansos regulares y actividad física para no permanecer sentados durante largos periodos de tiempo.

Uno de los principales desafíos del home office es la falta de interacción social. La conexión humana juega un papel fundamental en nuestra salud mental y emocional. Es importante buscar formas de mantener el contacto con colegas de trabajo y amigos, ya sea a través de videollamadas, mensajes de texto o redes sociales. Incluso podemos encontrar grupos o comunidades virtuales de empresarios y trabajadores que compartan experiencias y brinden apoyo mutuo.

La práctica de técnicas de manejo del estrés también puede ser de gran ayuda en estos momentos. La respiración profunda, la meditación o el yoga son actividades que nos permiten relajarnos y reducir la tensión acumulada. Además, es importante identificar y cuestionar nuestros pensamientos negativos y adoptar una actitud positiva frente a los desafíos.

La alimentación adecuada y el descanso suficiente son aspectos que no debemos pasar por alto. Una dieta equilibrada, rica en frutas, verduras y proteínas, nos proporcionará los nutrientes necesarios para mantenernos saludables y con energía. Asimismo, es esencial establecer una rutina de sueño adecuada, respetando las horas de descanso y evitando el uso excesivo de dispositivos electrónicos antes de acostarnos.

En resumen, la gestión del estrés y el cuidado de la salud mental son fundamentales para triunfar en el home office. Establecer límites claros entre el trabajo y el tiempo personal, mantener un espacio de trabajo adecuado, buscar conexión social y practicar técnicas de manejo del estrés son algunos de los aspectos clave para lograr un equilibrio saludable. Recordemos que nuestra salud mental y emocional es tan importante como nuestra productividad laboral, y debemos dedicar tiempo y esfuerzo a cuidarla.

A continuación, exploraremos más técnicas y recomendaciones para gestionar el estrés y cuidar de nuestra salud mental mientras trabajamos desde casa.

Uno de los aspectos clave para mantener un equilibrio adecuado en el home office es establecer límites claros entre el trabajo y el tiempo personal. Es fundamental evitar mezclar estas dos áreas de nuestra vida y dedicar tiempo de calidad a nuestras actividades fuera del ámbito laboral. Podemos lograr esto definiendo un horario de trabajo definido y respetándolo, pero también estableciendo momentos de desconexión durante el día. Durante estos momentos, podemos practicar actividades que nos ayuden a relajarnos y recargar energías, como dar un paseo, leer un libro o dedicarnos a un hobby que nos guste.

Además, es importante mantener un espacio de trabajo adecuado y organizado. Diseñar un entorno físico propicio para la concentración y la productividad nos ayudará a evitar distracciones y a mantenernos enfocados en nuestras tareas laborales. También es recomendable mantener una buena iluminación y ventilación en el área de trabajo, así como contar con una silla ergonómica que brinde comodidad y prevenga problemas de postura.

En cuanto a la rutina diaria, es fundamental incluir descansos regulares y actividad física. Permanecer sentados durante largos periodos de tiempo puede ser perjudicial para nuestra salud física y mental. Por ello, debemos permitirnos tomar pequeños descansos cada cierto tiempo, levantarnos, estirarnos y realizar ejercicios simples para activar nuestro cuerpo. Además, la actividad física regular nos ayudará a liberar tensiones acumuladas y a mantenernos en forma.

La falta de interacción social puede ser uno de los principales desafíos del home office. Conectar con otros colegas de trabajo y amigos es fundamental para nuestra salud mental y emocional. Podemos buscar formas de mantener el contacto a través de videollamadas, mensajes de texto o redes sociales. Incluso existen grupos o comunidades virtuales de empresarios y trabajadores en los que podemos participar y compartir nuestras experiencias. Estas redes de apoyo mutuo pueden ser una gran fuente de consejos, motivación y compañía.

La práctica de técnicas de manejo del estrés también puede ser de gran ayuda en estos momentos. La respiración profunda, la meditación o el yoga son actividades que nos permiten relajarnos y reducir la tensión acumulada. Podemos dedicar unos minutos al día a practicar estas técnicas, encontrando el momento y el lugar adecuado para hacerlo. Además, es importante identificar y cuestionar nuestros pensamientos negativos, adoptando una actitud positiva frente a los desafíos que se nos presenten.

No debemos olvidar que una alimentación adecuada y el descanso suficiente son elementos clave para cuidar de nuestra salud en general. Una dieta equilibrada, rica en frutas, verduras y proteínas, nos proporcionará los nutrientes necesarios para mantenernos saludables y con energía. Asimismo, es esencial establecer una rutina de sueño adecuada, respetando las horas de descanso y evitando el uso excesivo de dispositivos electrónicos antes de acostarnos. Un buen descanso nocturno nos ayudará a iniciar el día con energía y motivación.

En resumen, la gestión del estrés y el cuidado de la salud mental son aspectos fundamentales para triunfar en el home office. Establecer límites claros entre el trabajo y el tiempo personal, mantener un espacio de trabajo adecuado, buscar conexión social y practicar técnicas de manejo del estrés son algunas de las recomendaciones clave para lograr un equilibrio saludable. Recuerda que tu salud mental y emocional es tan importante como tu productividad laboral, por lo que es fundamental dedicar tiempo y esfuerzo a cuidarla. ¡Ánimo y éxito en tu camino hacia un home office eficiente y equilibrado!

Capítulo 10:
Fomentando la colaboración y el trabajo en equipo remotamente

En la era digital en la que vivimos, cada vez más personas optan por trabajar desde casa, y esta tendencia ha sido impulsada aún más por la pandemia global. El home office se ha convertido en una realidad para muchos empresarios y trabajadores, y aunque puede ofrecer ventajas en términos de flexibilidad y comodidad, también plantea desafíos únicos.

Uno de los desafíos más importantes al trabajar de forma remota es mantener la colaboración y el trabajo en equipo efectivos. La distancia física puede dificultar la comunicación y la construcción de relaciones sólidas entre los miembros del equipo. Sin embargo, existen estrategias para superar estas barreras y fomentar una colaboración exitosa, incluso a pesar de la distancia.

En primer lugar, es esencial utilizar herramientas de comunicación adecuadas. Gracias a la tecnología, hay una amplia variedad de aplicaciones y plataformas que facilitan la comunicación en tiempo real, independientemente de la ubicación física de los colaboradores. Estas herramientas incluyen sistemas de mensajería instantánea, correos electrónicos, videoconferencias y espacios de colaboración en línea. Es importante elegir las herramientas que mejor se adapten a las necesidades del equipo y asegurarse de que todos los miembros las utilicen de manera efectiva.

Además, es fundamental establecer una agenda clara y objetivos compartidos. Al trabajar de forma remota, es fácil perder de vista los objetivos generales del equipo y desviarse en diferentes direcciones. Para evitar esto, es necesario establecer metas claras y mantener a todos los miembros del equipo informados sobre las prioridades y los plazos. Esto puede lograrse a través de reuniones regulares en línea, donde se revisen los avances, se compartan ideas y se resuelvan problemas. Mantener a todos en la misma página es clave para fomentar la colaboración y el trabajo en equipo a distancia.

Otro aspecto importante es impulsar un ambiente de confianza y camaradería. Aunque los colaboradores estén físicamente separados, es necesario cultivar una cultura de trabajo en equipo y apoyo mutuo. Esto se puede lograr a través de actividades virtuales para fortalecer las relaciones interpersonales, como videoconferencias informales, juegos en línea o incluso chats grupales para discutir temas no laborales. Estas actividades ayudan a construir relaciones sólidas y a aumentar la confianza del equipo.

Además, es crucial establecer espacios virtuales para la colaboración y el intercambio de ideas. Las plataformas en línea permiten crear espacios de trabajo compartidos donde los colaboradores puedan colaborar en tiempo real, compartir documentos, realizar revisiones conjuntas y generar ideas de forma colaborativa. Estos espacios virtuales promueven la participación activa de todos los miembros del equipo, independientemente de su ubicación física, y fomentan el intercambio de conocimientos y experiencias.

Por último, es fundamental reconocer y valorar los logros individuales y colectivos. El reconocimiento público de los éxitos y contribuciones de los miembros del equipo promueve la motivación y el compromiso. Aunque estemos trabajando a distancia, es importante no perder de vista el reconocimiento y aprecio por el esfuerzo y el trabajo bien hecho. Esto se puede lograr a través de mensajes de agradecimiento, reconocimientos formales y oportunidades para compartir y celebrar los logros alcanzados.

Como hemos visto, aunque el trabajo en equipo y la colaboración a distancia presentan desafíos, existen estrategias efectivas para fomentar la colaboración y la construcción de relaciones sólidas, a pesar de la distancia física. Utilizando herramientas de comunicación adecuadas, estableciendo objetivos compartidos, cultivando un ambiente de confianza, creando espacios virtuales para la colaboración y reconociendo los logros, podemos maximizar el potencial del home office y lograr resultados exitosos en equipo.

Una vez que hemos establecido las bases para fomentar la colaboración y el trabajo en equipo de manera remota, es importante abordar otros aspectos clave que pueden fortalecer aún más estas dinámicas. A continuación, exploraremos algunas estrategias adicionales para maximizar la eficiencia y mantener el equilibrio en el home office.

En primer lugar, es fundamental establecer una comunicación clara y efectiva. Dado que no estamos físicamente presentes en la misma ubicación, es crucial ser claros y concisos al transmitir información. Evitemos la ambigüedad y proporcionemos instrucciones y expectativas claras para evitar malentendidos y asegurarnos de que todos los miembros del equipo estén en la misma página.

Además, debemos promover la participación activa de todos los miembros del equipo. Alentemos el intercambio de ideas y fomentemos la contribución de todos. Recordemos que cada miembro del equipo tiene habilidades y perspectivas únicas que pueden enriquecer el trabajo conjunto. Propiciemos un ambiente en el que se sientan seguros y motivados para aportar su conocimiento y experiencia.

Asimismo, es importante establecer límites y mantener un equilibrio entre el trabajo y la vida personal. Trabajar desde casa puede hacer que sea difícil desconectarse del trabajo, ya que no hay una separación física clara entre el espacio de trabajo y el hogar. Para evitar el agotamiento y el estrés, es esencial establecer horarios y límites claros. Al final del día laboral, desconectemos y dediquemos tiempo a nuestras actividades personales y familiares. Esto nos permitirá recargar energías y ser más efectivos cuando retomemos nuestras responsabilidades laborales.

Además de establecer límites, también debemos cuidar de nuestra salud y bienestar. Recordemos la importancia de mantenernos activos, hacer ejercicio regularmente y comer de manera saludable. El bienestar físico y mental son fundamentales para nuestra productividad y capacidad para colaborar efectivamente. Tomémonos el tiempo necesario para cuidarnos y, si es posible, dediquemos un espacio específico en nuestro hogar para el trabajo, de manera que podamos separar nuestra vida personal de nuestras responsabilidades laborales.

Por otro lado, es beneficioso establecer metas a corto y largo plazo. Todos los miembros del equipo deben estar alineados en cuanto a los objetivos que se desean alcanzar y trabajar en conjunto para lograrlos. Establezcamos indicadores clave de rendimiento (KPIs, por sus siglas en inglés) y realicemos un seguimiento regular de los avances. Celebrar los logros alcanzados y realizar ajustes cuando sea necesario nos ayudará a mantenernos motivados y enfocados en alcanzar nuestros objetivos.

Además, debemos fomentar la retroalimentación constante. La comunicación bidireccional es esencial para el crecimiento y desarrollo del equipo. Brindemos comentarios constructivos y busquemos oportunidades para mejorar continuamente. La retroalimentación debe ser específica, clara y basada en hechos concretos. Esto permitirá a cada miembro del equipo identificar áreas de mejora y fortalezas, al tiempo que fomenta un ambiente de aprendizaje y crecimiento.

Finalmente, recordemos la importancia de la empatía y la comprensión mutua. Reconozcamos que cada persona tiene circunstancias y desafíos únicos, especialmente en el contexto actual. Seamos empáticos y brindemos apoyo cuando sea necesario. Esto nutrirá el sentido de comunidad y ayudará a mantener una atmósfera de trabajo positiva y colaborativa.

En resumen, fomentar la colaboración y el trabajo en equipo de manera remota requiere de estrategias efectivas y un enfoque consciente. Al establecer una comunicación clara, promover la participación activa, establecer límites y cuidar de nuestra salud y bienestar, así como establecer metas, fomentar la retroalimentación constante y practicar la empatía, podemos lograr un home office exitoso y mantener el equilibrio tanto profesional como personal. Implementemos estas estrategias en nuestro día a día y descubramos el potencial que el trabajo en equipo remoto puede ofrecer para alcanzar resultados destacados.

Capítulo 11: Gestión de proyectos y metas en el teletrabajo

Aprende a establecer y gestionar proyectos y metas de manera efectiva en el contexto del trabajo desde casa.

En el mundo actual, donde el teletrabajo se está convirtiendo en una realidad cada vez más común, la gestión de proyectos y metas se ha vuelto fundamental para garantizar la eficiencia y el equilibrio en este nuevo entorno laboral. Ya seas empresario o trabajador, es esencial entender cómo establecer y gestionar proyectos y metas de manera efectiva desde tu hogar.

El trabajo desde casa puede brindar muchas ventajas, como mayor flexibilidad y comodidad, pero también puede resultar desafiante mantenerse enfocado y productivo sin la estructura y supervisión habituales de una oficina. Por eso, aprender a gestionar proyectos y metas adecuadamente se vuelve aún más importante en este contexto.

El primer paso para establecer proyectos y metas efectivas en el teletrabajo es definir claramente lo que se quiere lograr. Antes de comenzar cualquier proyecto, es fundamental tener una visión clara y concisa de los objetivos que deseas alcanzar. Establece metas SMART (específicas, medibles, alcanzables, relevantes y basadas en tiempo) que te permitan evaluar tu progreso y asegurarte de que estás avanzando en la dirección correcta.

Una vez que hayas definido tus metas, es crucial dividir el proyecto en tareas más pequeñas y manejables. Esto te ayudará a mantener el enfoque y evitar sentirte abrumado. Asigna una fecha límite a cada tarea para mantener un sentido de urgencia y progresar de manera constante hacia tus objetivos.

La gestión del tiempo es otro aspecto clave en la gestión de proyectos y metas en el teletrabajo. Sin estructura fija, es fácil perderse en la procrastinación o distraerse con tareas no relacionadas. Para evitar esto, es recomendable establecer una rutina diaria y asignar bloques de tiempo específicos para trabajar en cada proyecto o tarea. Además, utiliza herramientas de productividad como cronómetros o aplicaciones de gestión del tiempo para mantenerte enfocado y organizar tu día de manera efectiva.

La comunicación también desempeña un papel fundamental en la gestión de proyectos y metas en el teletrabajo. Asegúrate de mantener una comunicación constante y clara con tus compañeros de trabajo o colaboradores. Utiliza herramientas de comunicación en línea, como videollamadas o chats, para mantener una comunicación fluida y garantizar que todos estén al tanto del progreso del proyecto.

Además, establecer reuniones periódicas para revisar el avance, discutir posibles desafíos y compartir ideas puede ser de gran ayuda para mantener la motivación y la cohesión del equipo. La comunicación abierta y transparente es la clave para un exitoso trabajo en equipo, incluso cuando no se comparte la misma ubicación física.

A medida que avanzas en la gestión de proyectos y metas en el teletrabajo, es importante también realizar un seguimiento de tu progreso y evaluar los resultados obtenidos. Analiza tus métodos de trabajo, identifica lo que funciona y lo que no, y adapta tus enfoques según sea necesario. El teletrabajo es un entorno en constante evolución, y aprender a adaptarse y mejorar continuamente es esencial para mantener la eficiencia y el equilibrio.

En resumen, la gestión de proyectos y metas en el teletrabajo requiere una planificación clara, una gestión efectiva del tiempo, una comunicación constante y una evaluación regular de los resultados.

Estos son pilares fundamentales para lograr el éxito en el trabajo desde casa. Continuarás descubriendo en la segunda parte de este capítulo consejos y estrategias adicionales para maximizar tu eficiencia y mantener el equilibrio en el teletrabajo.

¡Prepárate para sorprenderte con nuevas herramientas y técnicas que te ayudarán a alcanzar tus metas mientras trabajas desde la comodidad de tu hogar! Para maximizar tu eficiencia y mantener el equilibrio en el teletrabajo, existen consejos y estrategias adicionales que puedes implementar. En esta segunda parte del capítulo de gestión de proyectos y metas en el teletrabajo, descubrirás nuevas herramientas y técnicas que te ayudarán a alcanzar tus metas mientras trabajas desde la comodidad de tu hogar.

Uno de los desafíos del teletrabajo es la dificultad para separar el tiempo personal del tiempo de trabajo. Es fundamental establecer límites claros entre estas dos esferas y crear una rutina diaria que te permita desconectar cuando finaliza tu jornada laboral. Enfócate en organizar tu tiempo y establecer actividades regulares fuera del trabajo, como ejercitarte, leer un libro o pasar tiempo con tu familia. Estas actividades te ayudarán a recargar energías y evitar el agotamiento.

Además, es importante tener en cuenta la importancia de establecer límites claros con las personas que viven contigo. Comunica tus horas de trabajo y solicita su comprensión y apoyo para que respeten tu espacio y tiempo en casa. De esta manera, podrás mantener la concentración en tus proyectos y metas sin interrupciones constantes.

Otro aspecto relevante en la gestión de proyectos y metas en el teletrabajo es la capacidad de adaptarse a los cambios y ser flexible en la planificación. A medida que surjan nuevas tareas o imprevistos, es esencial tener la capacidad de reajustar tus metas y prioridades de manera eficiente. Evalúa qué proyectos y tareas son urgentes y cuáles pueden esperar, y ajusta tu horario en consecuencia. Recuerda que el éxito no solo se trata de completar todas las tareas, sino de hacerlo de manera efectiva y centrada en los resultados.

Además, te recomiendo que no te enfoques únicamente en los resultados finales, sino que celebres también los logros más pequeños a lo largo del camino. Reconocer tus avances te ayudará a mantener la motivación y te recordará que vas en la dirección correcta. Celebra cada hito alcanzado y recompénsate por tu esfuerzo y dedicación. Esto te mantendrá motivado y te ayudará a mantener un equilibrio saludable entre el trabajo y la vida personal.

Uno de los mayores desafíos del trabajo desde casa es la falta de interacción social y el sentimiento de aislamiento. Para contrarrestar esto, busca oportunidades para colaborar con colegas o compañeros en proyectos y metas comunes. La colaboración no solo fomentará un ambiente de trabajo más inclusivo, sino que también te permitirá obtener diferentes perspectivas y habilidades que puedan mejorar tus propios proyectos. Utiliza herramientas de colaboración en línea, como plataformas de gestión de proyectos o de compartición de documentos, para facilitar la comunicación y el trabajo en equipo.

Por último, pero no menos importante, recuerda cuidar tu bienestar físico y mental mientras trabajas desde casa. Establece pausas regulares para estirarte, hidratarte y descansar la vista de las pantallas. Además, dedica tiempo a realizar actividades que te inspiren y te brinden satisfacción personal, como practicar yoga, meditar o disfrutar de un pasatiempo creativo. Tu bienestar es fundamental para mantener la eficiencia y la productividad a largo plazo.

En conclusión, la gestión de proyectos y metas en el teletrabajo requiere de una planificación clara, adaptabilidad, celebración de logros, colaboración y cuidado personal. A través de la implementación de estas estrategias, podrás alcanzar tus metas de manera efectiva y mantener un equilibrio saludable en el contexto del trabajo desde casa. Continúa explorando nuevas herramientas y técnicas que te ayudarán en este proceso y prepárate para sorprenderte con los resultados que puedes lograr mientras trabajas desde la comodidad de tu hogar. ¡Aprovecha esta gran oportunidad y triunfa en el home office!

Capítulo 12:
Adaptándose al cambio y a los desafíos del home office

El mundo laboral ha experimentado un cambio drástico en los últimos tiempos. El home office ha pasado de ser una opción ocasional a convertirse en la nueva realidad para muchos empresarios y trabajadores. Este cambio repentino ha generado desafíos significativos, pero también ha brindado nuevas oportunidades para aquellos que estén dispuestos a adaptarse. En este capítulo, descubriremos cómo podemos enfrentar los desafíos y adaptarnos a este nuevo entorno laboral.

Uno de los mayores desafíos que surgen al trabajar desde casa es mantener un equilibrio adecuado entre la vida personal y profesional. Con la barrera entre ambos ámbitos desvanecida, es fácil caer en la trampa de trabajar sin descanso o, por el contrario, distraerse con asuntos personales durante el horario laboral. Es esencial establecer límites claros y crear una rutina que nos ayude a mantenernos enfocados.

Para lograr esto, es recomendable contar con un espacio de trabajo dedicado dentro de nuestro hogar. Puede ser una habitación separada, un rincón tranquilo o incluso una mesa específica en la sala de estar. Lo más importante es asegurarse de tener un lugar donde podamos concentrarnos y estar libres de distracciones. Además, es fundamental comunicar a nuestra familia o compañeros de cuarto que necesitamos ese espacio y respetar esos momentos de tranquilidad.

Otro desafío que enfrentamos en el home office es la pérdida de interacción social. La ausencia de compañeros de trabajo y la falta de contacto físico con otras personas pueden generar sentimientos de aislamiento y soledad. Aquí es donde la tecnología juega un papel fundamental. Aprovechemos las herramientas de comunicación en línea para mantenernos conectados con nuestros colegas, clientes y socios comerciales. Las videoconferencias, los chats y las redes sociales nos permiten seguir construyendo relaciones profesionales y, al mismo tiempo, brindarnos un sentido de comunidad.

La gestión del tiempo también se convierte en un reto al trabajar desde casa. Sin la estructura de horarios y la supervisión constante de un superior, es fácil caer en la procrastinación o permitir que las tareas se prolonguen más de lo necesario. Es crucial establecer metas y plazos realistas, y organizar nuestro día de trabajo en bloques de tiempo dedicados a tareas específicas. Además, debemos evitar las distracciones, como revisar constantemente las redes sociales o contestar llamadas personales durante los horarios laborales.

Adaptarse a los cambios también implica estar dispuestos a aprender nuevas habilidades y aprovechar al máximo la tecnología. En este nuevo entorno laboral, es fundamental dominar las herramientas y plataformas digitales que facilitan el trabajo remoto. Esto incluye todo, desde el uso adecuado de aplicaciones de videoconferencia hasta la implementación de sistemas de gestión de proyectos en línea. Cuanto más comprendamos y dominemos estas herramientas, más eficientes seremos en nuestra labor diaria.

En resumen, el home office presenta desafíos significativos, pero también nos brinda la oportunidad de transformarlo en una experiencia enriquecedora y exitosa. Para adaptarnos a este nuevo entorno, debemos establecer límites claros entre nuestra vida personal y profesional, mantenernos conectados con los demás a través de la tecnología, gestionar nuestro tiempo de manera efectiva y aprender nuevas habilidades digitales. Estoy seguro de que, con la disposición adecuada, podemos hacer del home office una forma de trabajo productiva y satisfactoria.

La segunda mitad del capítulo de "Adaptándose al cambio y a los desafíos del home office" se enfoca en tres aspectos clave para tener éxito en el trabajo desde casa: la autodisciplina, la gestión del estrés y la búsqueda de apoyo.

La autodisciplina es fundamental para mantener el equilibrio adecuado entre la vida personal y profesional mientras trabajamos desde casa. Es importante establecer horarios y cumplir con ellos, tanto para evitar la procrastinación como para asegurarse de que se dedique suficiente tiempo a los aspectos personales de nuestra vida. También debemos aprender a gestionar nuestro tiempo de manera efectiva, dividiendo las tareas en bloques y priorizando las más importantes. Esto nos ayudará a ser más productivos y a evitar sentirnos abrumados por la cantidad de trabajo pendiente.

Además de la autodisciplina, también es esencial aprender a gestionar el estrés. Trabajar desde casa puede ser estresante debido a la mezcla constante de la vida personal y profesional. Para reducir este estrés, es recomendable establecer rutinas que promuevan el bienestar, como hacer ejercicio regularmente, tomar descansos regulares y practicar técnicas de relajación como la meditación o la respiración profunda. También es importante establecer límites claros entre el trabajo y el tiempo personal, y recordar que no se debe dejar que el trabajo domine toda nuestra vida.

Además de la autodisciplina y la gestión del estrés, buscar apoyo es esencial para enfrentar los desafíos del home office. Aunque trabajemos de forma remota, no estamos solos. Es importante mantener la comunicación abierta con nuestros colegas, superiores y clientes. Esto nos permitirá mantenernos actualizados sobre los proyectos en curso, recibir retroalimentación y sentirnos parte de un equipo. También podemos aprovechar las oportunidades de capacitación y desarrollo profesional que se ofrecen en línea para mejorar nuestras habilidades y mantenernos actualizados en nuestro campo.

Además del apoyo profesional, es crucial recibir apoyo personal. Puede ser útil encontrar un compañero de trabajo informal o un mentor con quien podamos hablar sobre los desafíos y el estrés que enfrentamos al trabajar desde casa. Al compartir nuestras experiencias y preocupaciones con alguien de confianza, podemos obtener consejos, perspectivas y apoyo emocional que nos ayudarán a superar cualquier obstáculo.

En última instancia, el éxito en el home office depende de nuestra capacidad para adaptarnos a los cambios y desafíos que encontramos en el camino. La autodisciplina, la gestión del estrés y el apoyo adecuado son elementos cruciales para lograr un equilibrio saludable entre nuestra vida personal y profesional. Si somos capaces de mantenernos enfocados, manejar el estrés de manera efectiva y buscar apoyo cuando lo necesitemos, podremos disfrutar de los beneficios y el éxito que ofrece el trabajo desde casa.

Con eso en mente, es importante recordar que todos los desafíos que enfrentamos en el home office son superables. A medida que nos adaptamos a este nuevo entorno laboral, debemos mantener una mentalidad positiva y estar abiertos a aprender y crecer. Trabajar desde casa puede ser un desafío, pero también puede ser una oportunidad para desarrollar nuevas habilidades, fortalecer nuestra resiliencia y encontrar un mayor equilibrio entre nuestra vida personal y profesional. Al mantenernos enfocados en nuestros objetivos y aprovechar al máximo las herramientas a nuestra disposición, podemos triunfar en el home office y experimentar un mayor sentido de satisfacción y realización en nuestro trabajo.

Capítulo 13.
Manteniendo la conexión
y el networking virtual

En el mundo actual, donde el trabajo remoto se ha convertido en la norma en muchos ámbitos empresariales, es esencial aprender a mantener conexiones profesionales sólidas y a expandir nuestra red de contactos a través de plataformas y eventos virtuales. Aunque no podamos reunirnos físicamente, la tecnología nos brinda muchas herramientas para establecer y mantener relaciones laborales exitosas.

En primer lugar, es crucial aprovechar al máximo las plataformas de redes sociales profesionales. LinkedIn, por ejemplo, es una herramienta valiosa para establecer conexiones con otros profesionales de nuestra industria. Podemos utilizar esta plataforma para buscar personas con intereses y objetivos similares, enviarles mensajes y solicitar una conexión. Aprovecha la sección de "recomendaciones" para resaltar tus habilidades y fortalezas, lo que te ayudará a causar una buena impresión en posibles socios o empleadores.

Además de las redes sociales, también existen numerosas plataformas de videoconferencia que nos permiten mantener reuniones virtuales con colegas y colaboradores. Aplicaciones como Zoom, Microsoft Teams y Google Meet nos brindan la posibilidad de organizar videoconferencias grupales o individuales, lo que facilita el establecimiento de conexiones sin importar la ubicación geográfica. Asegúrate de tener una buena conexión a internet y un entorno adecuado para las videoconferencias, ya que esto reflejará tu profesionalismo y compromiso.

Otra forma efectiva de expandir nuestra red de contactos es participar en eventos virtuales relacionados con nuestra industria. Muchas conferencias y seminarios ahora se llevan a cabo en línea, lo que significa que podemos asistir sin importar donde nos encontremos físicamente. Estos eventos brindan una excelente oportunidad para conocer a otros profesionales de nuestra área, intercambiar ideas e incluso establecer colaboraciones. Al participar activamente en las discusiones y hacer preguntas relevantes, causaremos una impresión duradera en los demás y nos destacaremos entre la multitud virtual.

Para mantener conexiones sólidas en el entorno virtual, también es importante ser proactivo al mantener comunicaciones regulares con nuestros contactos. No debemos esperar a que otros nos contacten, sino que debemos tomar la iniciativa y enviar mensajes de seguimiento, preguntar cómo están y mostrar interés genuino en su trabajo. Recuerda que, aunque estemos físicamente separados, aún podemos cultivar relaciones sólidas y significativas.

Asimismo, no subestimemos el poder del correo electrónico en el mundo laboral. Aunque pueda parecer un medio de comunicación más formal y distante, aún es una herramienta útil para mostrar aprecio y mantener conexiones. Envía correos electrónicos personalizados, felicitando a tus colegas por sus logros o compartiendo noticias e ideas relevantes. Esta práctica no solo fortalecerá tus relaciones laborales, sino que también te ayudará a mantenerse en la mente de los demás de manera positiva.

En conclusión, en el mundo laboral actual, mantener conexiones y expandir nuestra red de contactos a través de plataformas y eventos virtuales es esencial para el éxito profesional. Aprovecha las redes sociales profesionales, participa en eventos virtuales y sé proactivo al mantener comunicaciones regulares con tus contactos. No te pierdas la segunda parte de este capítulo, donde exploraremos estrategias adicionales para establecer conexiones sólidas en el entorno virtual. Continuación:

Una estrategia clave para mantener conexiones sólidas en el entorno virtual es participar activamente en grupos y comunidades en línea relacionadas con nuestra industria. Estos grupos son espacios donde profesionales con intereses y objetivos similares pueden interactuar, compartir conocimientos y establecer relaciones laborales significativas. Puedes unirte a grupos en plataformas como LinkedIn o Facebook, donde se discuten temas relevantes para tu campo laboral. Asegúrate de participar activamente en las conversaciones, compartir contenido relevante y ayudar a otros miembros del grupo con sus preguntas e inquietudes. Esto no solo te mostrará como un experto en tu campo, sino que también ayudará a establecer conexiones valiosas con personas que podrían convertirse en colaboradores, proveedores o clientes potenciales.

Además de los grupos en línea, considera la posibilidad de participar en webinars o cursos virtuales que te permitan expandir tus conocimientos y conocer a profesionales de tu industria. Estos eventos en línea suelen ofrecer la oportunidad de interactuar con los expertos que los imparten, así como con otros participantes. Aprovecha estas oportunidades para hacer preguntas relevantes, compartir tu perspectiva y establecer contactos con aquellos que comparten tus intereses y metas. No subestimes el poder de aprender y conectarte de manera virtual; nunca se sabe qué oportunidades pueden surgir a partir de estas interacciones.

Otra manera efectiva de mantener conexiones sólidas en el entorno virtual es a través del intercambio de recursos y habilidades. Considera la posibilidad de establecer alianzas estratégicas con otros profesionales o emprendedores que complementen tus fortalezas. Por ejemplo, si eres un diseñador gráfico, podrías colaborar con un desarrollador web para ofrecer un paquete de servicios completo a tus clientes. Estas alianzas no solo brindan un valor adicional a tus clientes, sino que también te permiten expandir tu red de contactos y acceder a nuevas oportunidades de negocio.

Recuerda que el networking virtual no se trata solo de buscar beneficios propios, sino también de ofrecer ayuda y apoyo a otros profesionales. No dudes en compartir recursos útiles, recomendar a otros colegas o incluso ofrecer tu tiempo y experiencia para ayudar a aquellos que puedan necesitarlo. El acto de ayudar a otros no solo fortalecerá tus conexiones existentes, sino que también te permitirá construir una reputación positiva y obtener el apoyo de otros en momentos de necesidad.

Por último, no olvides la importancia de la autenticidad en tus interacciones virtuales. Si bien es tentador presentar una versión idealizada de nosotros mismos en línea, es crucial ser auténtico y genuino en nuestras relaciones profesionales. No tengas miedo de ser vulnerable y compartir tus desafíos o fracasos; esto solo ayudará a construir relaciones más sólidas y significativas en el largo plazo. Además, muestra interés genuino en las vidas y logros de tus contactos, y no dudes en felicitarlos o alentarlos en sus éxitos. Recuerda que el networking se trata de construir relaciones a largo plazo basadas en confianza y reciprocidad.

En conclusión, el networking y la conexión virtual son herramientas esenciales para el éxito en el entorno laboral actual. Aprovecha los grupos en línea, participa en webinars y establece alianzas estratégicas para expandir tu red de contactos y acceder a nuevas oportunidades. No olvides ser auténtico y mostrar interés genuino en los demás. Al cultivar relaciones sólidas y significativas, estarás en el camino correcto para triunfar en el home office.

¡Espero que hayas disfrutado de este capítulo y que puedas aplicar estos consejos para fortalecer tus conexiones virtuales! En el próximo capítulo, exploraremos estrategias adicionales para mantener el equilibrio en el home office y maximizar nuestra eficiencia laboral. ¡No te lo pierdas!

Capítulo 14: Mejorando la eficiencia y la productividad personal

En el ajetreado mundo laboral actual, cada vez más personas están optando por trabajar desde casa. El home office se ha convertido en una opción atractiva para empresarios y trabajadores por igual. Sin embargo, trabajar desde casa requiere de disciplina y enfoque para mantenernos productivos y eficientes. En esta primera mitad del capítulo, exploraremos algunas técnicas y consejos prácticos para aumentar tu eficiencia personal y productividad al trabajar en el home office.

1. Establece un horario y rutina diaria:

El primer paso para ser eficiente en el home office es establecer un horario de trabajo y mantener una rutina diaria. Aunque tienes más flexibilidad en tu horario, es importante definir un período específico de trabajo y adherirte a él. Esto te ayudará a crear una estructura y a mantenerte enfocado en tus tareas.

2. Crea un espacio de trabajo dedicado:

Es fundamental contar con un espacio de trabajo dedicado en tu hogar. Busca un rincón tranquilo donde puedas concentrarte sin distracciones. Asegúrate de que tu área de trabajo esté organizada y equipada con todos los recursos necesarios para desempeñar tu labor de manera eficiente.

3. Establece límites y comunica tus necesidades:

Cuando trabajas desde casa, a menudo puedes enfrentarte a interrupciones de familiares o amigos. Es importante establecer límites claros y comunicar tus necesidades a aquellos que te rodean. De esta forma, podrás minimizar las distracciones y mantener tu enfoque en el trabajo.

4. Utiliza herramientas tecnológicas efectivas:

El uso de herramientas tecnológicas puede ser de gran ayuda para aumentar la eficiencia y productividad en el home office. Apóyate en herramientas de gestión de proyectos, aplicaciones de productividad, y programas de comunicación virtual para mantener un flujo de trabajo constante y colaborativo con tu equipo.

5. Prioriza y organiza tus tareas:

Es fundamental tener claridad sobre tus tareas y prioridades. Dedica tiempo al inicio de cada día para identificar las actividades más importantes y organizar tu lista de tareas. Utiliza técnicas de gestión del tiempo, como la técnica pomodoro, para trabajar en bloques de tiempo concentrados y descansar adecuadamente. Esto te permitirá mantener un equilibrio entre la productividad y el descanso.

6. Evita la multitarea:

Aunque puede resultar tentador trabajar en múltiples proyectos al mismo tiempo, la multitarea puede ser contraproducente. Esto dispersa nuestra atención y reduce la calidad del trabajo realizado. En lugar de eso, enfócate en una tarea a la vez y complétala antes de pasar a la siguiente. Verás cómo esto aumentará tu eficiencia y te ayudará a alcanzar resultados de mayor calidad.

7. Establece metas claras y alcanzables:

El establecimiento de metas claras y alcanzables es esencial para mantenernos motivados y enfocados en el home office. Divide tus proyectos en tareas más pequeñas y asigna fechas límite realistas. Esto te permitirá medir tu progreso y celebrar los logros obtenidos, lo que a su vez te incentivará a seguir avanzando.

En esta primera mitad del capítulo hemos explorado algunas técnicas y consejos prácticos para mejorar la eficiencia y la productividad personal en el home office. Establecer un horario y rutina diaria, crear un espacio de trabajo dedicado, utilizar herramientas tecnológicas efectivas, priorizar y organizar tareas, evitar la multitarea, y establecer metas claras son algunos de los pasos que puedes seguir para alcanzar un mayor rendimiento en tu trabajo desde casa.

¿Pero qué pasa cuando enfrentamos desafíos en la gestión del tiempo y nos sentimos abrumados por las tareas pendientes? En la segunda mitad de este capítulo exploraremos estrategias adicionales para superar esos obstáculos y llevar nuestra eficiencia y productividad personal al siguiente nivel. Descubrirás secretos valiosos que te permitirán mantener el equilibrio mientras triunfas en el home office. Ten paciencia y no te pierdas la continuación de este capítulo, donde desbloquearemos aún más secretos para tu éxito en el trabajo remoto. En la segunda mitad de este capítulo, ahondaremos en estrategias adicionales para superar los desafíos en la gestión del tiempo y controlar la sensación de abrumo frente a las tareas pendientes. Descubrirás secretos valiosos que te ayudarán a mantener el equilibrio mientras triunfas en el home office. Así que prepárate para desbloquear aún más secretos para el éxito en el trabajo remoto.

8. Gestiona el tiempo de forma eficiente: El manejo eficiente del tiempo es fundamental para mantener la productividad en el home office. Identificar tus momentos de mayor energía y concentración te permitirá programar las tareas más importantes durante esos momentos clave. Además, establecer límites de tiempo para completar cada tarea te ayudará a mantener el enfoque y evitar la procrastinación. Utiliza herramientas como alarmas o temporizadores para mantenerte dentro de los plazos establecidos.

9. Practica el autocuidado: En el home office, es crucial cuidar de ti mismo para mantener una buena salud mental y emocional. Programa

tiempo para descansar, relajarte y hacer actividades que te gusten fuera del trabajo. Esto te permitirá recargar energías y regresar a tus tareas con mayor motivación y creatividad. No subestimes el poder de los descansos y la diversión en tu rendimiento laboral.

10. Establece límites entre el trabajo y la vida personal: Una de las dificultades del home office es la falta de límites claros entre el trabajo y la vida personal. Para mantener el equilibrio, establece horarios específicos para desconectar completamente del trabajo. Apaga el ordenador, silencia las notificaciones y no revises los correos electrónicos fuera de tu horario establecido. Establecer estos límites te permitirá disfrutar de tu tiempo libre y recargar energías para el próximo día laboral.

11. Mantén una comunicación clara y efectiva: El estatus de trabajar desde casa puede generar incertidumbre respecto a la comunicación con colegas y superiores. Es importante establecer canales de comunicación eficientes y utilizar herramientas tecnológicas que faciliten la colaboración y mantengan al equipo conectado. Establece reuniones virtuales regulares para mantenerse al tanto de los proyectos en curso y asegúrate de informar a tus compañeros de trabajo sobre tu disponibilidad y tiempos de respuesta.

12. Aprende a delegar tareas: A medida que te adentras en el mundo del home office, es probable que descubras que no puedes hacer todo por ti mismo. Aprende a delegar tareas que no requieren de tu atención directa y confía en tus compañeros de trabajo para completarlas. Establece claramente las responsabilidades y asegúrate de brindar el apoyo necesario para que el equipo pueda alcanzar sus objetivos de manera eficiente.

13. Cultiva la motivación interna: Sin un jefe o colegas físicamente presentes, es importante cultivar la motivación interna para mantenerse enfocado y productivo en el home office. Establece metas personales, celebra tus logros y encuentra formas de recompensarte a medida que alcanzas tus objetivos. Además, recuerda el propósito detrás de tu

trabajo y cómo contribuye a tus metas personales y profesionales. Mantener una actitud positiva y motivada te ayudará a superar los desafíos y a lograr el éxito en el trabajo remoto.

14. Busca apoyo y colaboración: Aunque el home office puede ser individual, eso no significa que debas enfrentarlo solo. Busca oportunidades para conectarte con otros profesionales en tu campo, ya sea a través de grupos profesionales en línea o redes sociales. Compartir experiencias y aprender de otros te brindará nuevas perspectivas y te mantendrá motivado en tu trabajo.

En esta segunda mitad del capítulo, hemos explorado diversas estrategias para aumentar la eficiencia y la productividad en el home office. Gestionar el tiempo eficientemente, practicar el autocuidado, establecer límites entre el trabajo y la vida personal, mantener una comunicación clara y efectiva, aprender a delegar tareas, cultivar la motivación interna y buscar apoyo y colaboración son algunas de las claves para triunfar en el trabajo remoto. Así que aplícalas en tu día a día y descubre el éxito y el equilibrio en el home office.

Recuerda que el mundo laboral está evolucionando rápidamente y el home office se ha convertido en una opción atractiva y viable para muchos profesionales. En el próximo capítulo, exploraremos cómo mantener la motivación y el equilibrio a largo plazo en el trabajo remoto. No te pierdas la continuación de este libro, donde descubrirás más secretos para triunfar en el home office y mantener una carrera exitosa. ¡Hasta pronto!

Capítulo 15: Adaptando tus habilidades al trabajo remoto

En la actualidad, el trabajo remoto se ha convertido en una tendencia en constante crecimiento, ofreciendo una gran flexibilidad y comodidad para aquellos empresarios y trabajadores que están dispuestos a aprovechar sus beneficios. Trabajar desde casa nos brinda la posibilidad de tener un mejor equilibrio entre nuestra vida profesional y personal, pero también requiere que adaptemos nuestras habilidades existentes y desarrollemos nuevas competencias para sobresalir en este entorno laboral.

Una de las primeras habilidades que debemos adaptar es la capacidad de autodirección. Cuando estamos en una oficina, es más fácil recibir instrucciones directas y contar con una supervisión constante. Sin embargo, en el trabajo remoto, somos responsables de organizar nuestras propias tareas y establecer metas diarias. Es esencial aprender a establecer una rutina y seguir un horario para mantenernos enfocados y productivos.

La disciplina también se vuelve fundamental en el trabajo remoto. Sin la presencia de compañeros de trabajo o jefes cerca, es tentador caer en la procrastinación o dejar que nuestras horas de trabajo se mezclen con los asuntos personales. Debemos aprender a autogestionarnos, estableciendo límites claros entre el trabajo y el tiempo libre, y resistiendo las distracciones que pueden surgir en el hogar.

Además, la comunicación se vuelve crucial en un entorno de trabajo remoto. Aunque no estemos en la misma ubicación física, necesitamos mantenernos conectados con nuestros compañeros de trabajo y jefes. Es importante utilizar herramientas tecnológicas como correos electrónicos, videoconferencias y aplicaciones de mensajería para mantenernos en contacto y actualizar sobre nuestro progreso. Además, debemos aprender a expresar claramente nuestras ideas y opiniones de manera escrita, ya que la comunicación oral se ve reducida en este contexto.

Otra habilidad importante es la capacidad de adaptarse rápidamente a los cambios. El trabajo remoto nos expone a diferentes desafíos y circunstancias, desde problemas técnicos hasta cambios inesperados en las fechas límite. Es esencial ser ágil y flexible, buscando soluciones creativas para superar los obstáculos que puedan surgir. Asimismo, debemos estar dispuestos a aprender constantemente y adaptarnos a las nuevas tecnologías y herramientas que facilitan el trabajo remoto.

Por último, pero no menos relevante, el equilibrio entre el trabajo y la vida personal es esencial para tener éxito en el trabajo remoto. Sin la separación física entre el hogar y la oficina, es fácil caer en el exceso de trabajo y descuidar otras áreas de nuestra vida. Debemos fijar límites claros, dedicar tiempo a actividades que nos apasionen fuera del horario laboral y cuidar nuestra salud física y mental.

En resumen, adaptar nuestras habilidades al trabajo remoto es fundamental para triunfar en esta modalidad laboral. La autodirección, disciplina, comunicación, capacidad de adaptación y equilibrio son competencias que debemos desarrollar y perfeccionar. A medida que exploremos la segunda parte de este capítulo, descubriremos estrategias y consejos prácticos que te ayudarán a cultivar estas habilidades y destacarte en el trabajo remoto desde casa.

Una vez que hemos establecido las bases sobre cómo adaptar nuestras habilidades al trabajo remoto, es importante profundizar en estrategias concretas y consejos prácticos que nos ayudarán a mejorar nuestra eficiencia y mantener el equilibrio en este entorno laboral. En esta segunda mitad del capítulo, exploraremos diversas herramientas y técnicas que puedes implementar para sobresalir en el trabajo remoto desde casa.

Una de las claves para el éxito en el trabajo remoto es la capacidad de establecer metas claras y objetivos alcanzables. Es fundamental dividir nuestras tareas en proyectos más pequeños y establecer plazos realistas para cada uno. De esta manera, nos resultará más fácil mantenernos enfocados y productivos. Además, podemos utilizar herramientas de gestión del tiempo y listas de tareas para organizar nuestras actividades diarias y priorizar las más importantes.

Asimismo, es fundamental aprender a manejar el estrés y mantener una mentalidad positiva en el trabajo remoto. La falta de interacción social y el aislamiento pueden afectar nuestra salud emocional y mental. Para contrarrestar esto, es importante fomentar relaciones laborales virtuales, como organizar reuniones en línea con compañeros de trabajo para discutir proyectos o participar en eventos virtuales de networking.

Además, podemos aprovechar las ventajas del trabajo remoto para mejorar nuestro bienestar personal. Por ejemplo, podemos realizar pequeñas pausas activas durante nuestro día laboral, como estiramientos o caminatas cortas por nuestra casa. También podemos aprovechar al máximo nuestro tiempo libre al eliminar los desplazamientos, haciendo ejercicio, practicando meditación o dedicándonos a actividades recreativas que nos apasionen.

La gestión efectiva de la información es otro aspecto importante en el trabajo remoto. A medida que realizamos la transición al entorno digital, es fundamental organizar nuestros archivos y documentos en plataformas en línea, como Google Drive o Dropbox. Además, es esencial implementar medidas de seguridad cibernética para proteger nuestra información confidencial.

Por otro lado, el aprendizaje continuo es una habilidad clave en el trabajo remoto. Debemos estar dispuestos a adquirir nuevas competencias y conocimientos, ya sea a través de cursos en línea, webinars o tutoriales. Esto nos ayudará a mantenernos actualizados en nuestra industria y a estar preparados para enfrentar los desafíos cambiantes del trabajo remoto.

Por último, el autocuidado y el establecimiento de límites son fundamentales para mantener el equilibrio en el trabajo remoto. Es importante definir un espacio de trabajo dedicado en nuestro hogar, separado de las distracciones personales. Además, debemos establecer horas de trabajo claras y respetarlas, evitando trabajar en exceso. El tiempo de calidad con la familia y los seres queridos también debe ser una prioridad en nuestra rutina diaria.

En resumen, adaptar nuestras habilidades y desarrollar nuevas competencias es esencial para triunfar en el trabajo remoto. La gestión del tiempo, el manejo del estrés, el autocuidado, la gestión de la información y el aprendizaje continuo son aspectos clave que debemos tener en cuenta. Al implementar estas estrategias y consejos prácticos, podremos maximizar nuestra eficiencia y mantener un buen equilibrio en el trabajo remoto.

Recuerda que el trabajo remoto ofrece una gran flexibilidad y comodidad, pero requiere de disciplina y autogestión para aprovechar al máximo sus beneficios. En el siguiente capítulo, nos adentraremos en el tema de cómo mantener la motivación y el enfoque en el trabajo remoto, brindando técnicas y consejos adicionales para que puedas alcanzar el éxito en esta modalidad laboral. ¡Sigue leyendo y descubre más claves para triunfar en el home office!

Capítulo 16: Superando la procrastinación y manteniendo la disciplina"

En este capítulo, nos enfocaremos en cómo aprender a superar la procrastinación y mantener un alto nivel de disciplina en el teletrabajo para lograr resultados exitosos. Nuestro público objetivo son empresarios y trabajadores que desean mejorar su desempeño en el trabajo remoto.

En el mundo actual, donde el teletrabajo se ha vuelto cada vez más común, es fácil caer en la trampa de la procrastinación. Sin una estructura y supervisión constantes, es tentador posponer tareas importantes para más tarde. Sin embargo, superar esta tendencia y mantener la disciplina son clave para alcanzar el éxito en el home office.

La procrastinación puede tener consecuencias negativas significativas en nuestro rendimiento y bienestar. Diferir las tareas importantes puede generar estrés y ansiedad, lo que afecta nuestra productividad y satisfacción general.

Para superar la procrastinación, es esencial comprender sus causas. A menudo, nuestra tendencia a posponer surge del miedo al fracaso o la falta de motivación. También podemos sentirnos abrumados por la cantidad de trabajo o distraídos por la comodidad de nuestro entorno hogareño. Identificar estos obstáculos nos permitirá abordarlos de manera efectiva.

Una estrategia clave para vencer la procrastinación es establecer metas claras y específicas. Dividir las tareas en pasos más pequeños y alcanzables facilita el proceso mental y nos motiva a comenzar. Además, definir plazos realistas nos ayuda a mantener el enfoque y evitar el aplazamiento constante.

La organización juega un papel fundamental en el mantenimiento de la disciplina en el home office. Es recomendable establecer un horario de trabajo estructurado, asignando tiempo específico para cada tarea. Además, es esencial tener un espacio de trabajo designado y libre de distracciones para fomentar la concentración y minimizar las tentaciones de posponer.

Otro obstáculo común en el teletrabajo es la falta de límites claros entre nuestra vida personal y profesional. Al trabajar desde casa, es fácil mezclar ambas esferas y comprometer nuestro equilibrio emocional. Establecer límites claros, como horarios específicos para trabajar y descansar, nos ayuda a mantener una disciplina saludable y prevenir el agotamiento.

Es importante reconocer que la disciplina no implica ser intransigente con nosotros mismos. También debemos aprender a equilibrar nuestra productividad con el autocuidado. Tomar descansos regulares, hacer ejercicio y mantener una alimentación adecuada son elementos fundamentales para mantener una disciplina saludable y sostenible.

En conclusión, superar la procrastinación y mantener la disciplina en el teletrabajo son desafíos clave para alcanzar resultados exitosos. Identificar las causas de la procrastinación, establecer metas claras, mantener una organización adecuada y establecer límites son estrategias efectivas para mantener la disciplina en el home office. En la segunda mitad de este capítulo, exploraremos técnicas adicionales para fortalecer nuestra disciplina y obtener una mayor eficiencia en el teletrabajo. ¡Estad atentos!

Recuerda, esto no es un fin. Suspenso y sorpresa son las palabras clave para mantener a los lectores ansiosos por más. En breve te contactaré para solicitar la continuación de este capítulo. ¡Hasta entonces! Una vez que comprendemos las causas de la procrastinación y hemos establecido metas claras, es importante implementar algunas técnicas y métodos adicionales para mantenernos disciplinados y alcanzar una mayor eficiencia en el teletrabajo.

Una de las estrategias más efectivas para evitar la procrastinación es llevar a cabo una planificación diaria. Al inicio de cada jornada de trabajo, tómate unos minutos para revisar tus tareas y prioridades. Organiza tu lista de tareas en función de su importancia y urgencia. Luego, asigna un tiempo específico para cada tarea en tu horario de trabajo. Al tener una planificación estructurada, podrás mantenerte enfocado y evitar distracciones innecesarias.

Otra técnica muy útil para mantener la disciplina es establecer pequeñas recompensas para ti mismo. A medida que completes tus tareas y cumplas con tus metas establecidas, permítete pequeños descansos o recompensas. Esto te ayudará a mantener la motivación y la concentración a lo largo del día. Estas recompensas pueden ser tomar un breve descanso para disfrutar de un café, leer un capítulo de tu libro favorito o hacer una breve caminata al aire libre. Lo importante es que te sientas motivado y recompensado por tu esfuerzo.

Además de la planificación, es fundamental establecer límites claros entre el trabajo y la vida personal. Aunque puedas trabajar desde casa, es importante establecer un horario de trabajo y respetarlo. Al finalizar tu jornada laboral, desconecta y dedica tiempo para ti mismo y tus seres queridos. Establecer una rutina al final del día puede ayudarte a desconectar del trabajo y relajarte. Puedes realizar una actividad que te guste, como leer, hacer ejercicio o practicar alguna afición. Al permitirte tiempo para descansar y recargar energías, estarás en una mejor posición para ser productivo y disciplinado en el trabajo.

La comunicación efectiva también juega un papel fundamental en el mantenimiento de la disciplina en el teletrabajo. Mantén una comunicación constante y clara con tu equipo de trabajo y superiores. Establece reuniones periódicas para compartir avances, plantear dudas y recibir retroalimentación. Esto te ayudará a mantener el enfoque y a sentirte conectado con tus colegas. Además, la comunicación abierta te permitirá obtener el apoyo necesario y resolver cualquier obstáculo que pueda surgir en el camino.

Por último, no subestimes el poder de cuidar tu salud y bienestar en el mantenimiento de la disciplina en el home office. Realiza pausas activas regularmente para mover tu cuerpo y estirar tus músculos. El ejercicio físico no solo beneficia tu salud, sino que también te ayuda a mantener la concentración y aumentar tu energía. Además, asegúrate de mantener una alimentación equilibrada y tomar suficiente agua a lo largo del día. Una buena nutrición es fundamental para mantener un nivel óptimo de energía y rendimiento.

En resumen, para superar la procrastinación y mantener la disciplina en el teletrabajo, es crucial llevar a cabo una planificación diaria, establecer pequeñas recompensas, establecer límites claros entre el trabajo y la vida personal, mantener una comunicación efectiva y cuidar de tu salud y bienestar. Al implementar estas técnicas, estarás en el camino hacia un teletrabajo exitoso y eficiente.

Espero que esta segunda mitad del capítulo te haya sido útil. Recuerda, la disciplina y la superación de la procrastinación son desafíos continuos, pero con estas estrategias podrás mantener el equilibrio y lograr resultados exitosos en el home office. ¡Hasta la próxima!

Capítulo 17: Afrontando la soledad y la desconexión laboral

En un mundo donde el trabajo remoto se ha convertido en una realidad cada vez más común, es fundamental descubrir cómo lidiar con la soledad y la desconexión laboral que pueden surgir al trabajar desde casa. Aunque la flexibilidad y comodidad de tener un home office son innegables, también es necesario encontrar un equilibrio para mantener un sentido de comunidad y evitar sentirnos aislados.

La soledad puede convertirse en uno de los mayores desafíos cuando trabajamos desde casa. A diferencia de una oficina tradicional, no hay colegas con los que interactuar constantemente ni juntas de equipo en las que participar. Sin embargo, existen algunas estrategias que pueden ayudar a combatir la sensación de aislamiento.

En primer lugar, es importante establecer una rutina diaria estructurada. Levantarse a la misma hora, vestirse apropiadamente y crear un espacio de trabajo dedicado, nos ayuda a mentalmente separar nuestra vida laboral de nuestra vida personal. Además, programar momentos para descansar y socializar, aunque sea virtualmente, nos permite mantener un contacto humano regular y combatir la sensación de soledad.

Además, buscar formas de conectarse con otros trabajadores remotos puede ser una excelente manera de establecer un sentido de comunidad. Existen grupos en línea y redes sociales específicamente diseñadas para usuarios de home office, donde se comparten experiencias, consejos y oportunidades de colaboración. Participar en estas comunidades virtuales puede generar un sentimiento de pertenencia y colaboración, incluso a distancia.

Otra estrategia eficaz para combatir la soledad y la desconexión laboral es establecer contactos regulares con colegas y superiores. Aprovechar herramientas como videollamadas y reuniones virtuales, más allá de los correos electrónicos o mensajes instantáneos, nos brinda la oportunidad de interactuar cara a cara y fortalecer las relaciones laborales. Además, es importante buscar momentos para compartir ideas y proyectos, ya que esto nos permite mantenernos actualizados y conectados con el equipo.

Sin embargo, la soledad no es el único obstáculo al trabajar desde casa. La desconexión laboral también puede ser un problema. Cuando se trabaja en el hogar es común que las líneas entre el trabajo y la vida personal se vuelvan borrosas. La falta de separación física entre estos dos ámbitos puede hacer que resulte difícil desconectarse del trabajo al finalizar el día, llevando a una mayor carga y estrés.

Para evitar esta desconexión laboral, es importante establecer límites claros entre el trabajo y la vida personal. Esto puede incluir la creación de una rutina de cierre del día laboral, donde se finalicen las tareas pendientes y se apague el equipo de trabajo. Asimismo, tener un espacio dedicado exclusivamente para el trabajo, en lugar de llevarlo a todos los rincones de nuestra casa, puede ayudar a establecer esa separación mental y emocional tan necesaria.

Además, es fundamental tener momentos de desconexión real y cuidar de nuestra salud mental. Aprovechar el tiempo libre para actividades recreativas, ejercicios o hobbies que nos apasionen, nos permitirá recargar energías y mantener un equilibrio entre la vida laboral y personal.

Descubrir cómo lidiar con la soledad y la desconexión laboral es esencial para triunfar en el home office. Al establecer una rutina estructurada, buscar una comunidad virtual, fortalecer relaciones laborales y establecer límites entre el trabajo y la vida personal, podremos mantener un equilibrio saludable. En la segunda parte de este capítulo, exploraremos técnicas adicionales y consejos prácticos para hacer frente a estos desafíos de manera eficiente. ¡No te lo pierdas! Una de las claves para enfrentar la soledad y la desconexión laboral al trabajar desde casa es mantener una comunicación constante y efectiva con tu equipo de trabajo. La tecnología nos brinda herramientas como videollamadas, reuniones virtuales y chats en línea, que nos permiten estar conectados en todo momento. Aprovecha al máximo estas herramientas para mantener una comunicación fluida y saber en qué está trabajando cada miembro del equipo.

Además, es importante establecer reuniones regulares con tu equipo para compartir ideas, proyectos y metas. Estas reuniones pueden ser tanto formales como informales, ya sea una videoconferencia mensual para evaluar el progreso del equipo, o un café virtual semanal para intercambiar ideas y mantener un sentido de comunidad. Estas reuniones no solo fortalecerán las relaciones laborales, sino que también te mantendrán actualizado sobre lo que está sucediendo en la empresa y te darán la oportunidad de contribuir con tus ideas y opiniones.

Otra forma de combatir la soledad y la desconexión laboral es participar en eventos y conferencias relacionadas con tu área de trabajo. Muchos de estos eventos se han trasladado al entorno virtual, lo que facilita aún más su acceso. Participar en estos eventos te permitirá expandir tu red de contactos, aprender de expertos en tu campo y mantenerte actualizado sobre las últimas tendencias y tecnologías. Además, te dará la oportunidad de interactuar con personas que comparten tus intereses y preocupaciones, y te hará sentir parte de una comunidad más amplia.

La formación continua también puede ser una excelente manera de lidiar con la soledad y la desconexión laboral. Aprovecha tu tiempo extra en casa para aprender nuevas habilidades o perfeccionar las que ya tienes. Existen numerosos cursos en línea y plataformas de aprendizaje que te permitirán adquirir conocimientos en tu área de interés. Incluso puedes buscar programas de capacitación ofrecidos por tu empresa o asociaciones profesionales. La formación continua no solo incrementará tus conocimientos y competencias, sino que también te mantendrá motivado y comprometido con tu trabajo.

No olvides tampoco la importancia de cuidar de tu bienestar emocional y físico. El estrés y la ansiedad pueden ser mayores cuando trabajas desde casa, debido a la falta de separación entre el trabajo y la vida personal. Es fundamental establecer límites claros y respetar los horarios de descanso. Asegúrate de tomarte tiempo para ti, dedicando momentos a realizar actividades que te relajen y te hagan feliz, como practicar ejercicio, leer un libro o disfrutar de un hobby.

Además, mantener una alimentación saludable y dormir lo suficiente también son aspectos clave para mantener un equilibrio en tu vida laboral y personal. No descuides tu autocuidado y asegúrate de establecer una rutina que incluya tiempo para comer y descansar adecuadamente.

En resumen, la soledad y la desconexión laboral son desafíos comunes al trabajar desde casa, pero no son insuperables. A través de la comunicación efectiva con tu equipo de trabajo, la participación en eventos y conferencias, la formación continua y el cuidado de tu bienestar emocional y físico, podrás enfrentar estos desafíos de manera eficiente.

Recuerda que el home office puede ser una experiencia enriquecedora si sabes cómo lidiar con estos aspectos. En la segunda parte de este capítulo, exploraremos técnicas adicionales y consejos prácticos para hacer frente a estos desafíos de manera eficiente. Sigue descubriendo las claves para triunfar en el home office y encontrar el equilibrio perfecto entre tu vida laboral y personal. ¡No te lo pierdas!

Capítulo 18: Generando equilibrio entre la vida personal y profesional

Explora estrategias para encontrar un equilibrio saludable entre tu vida personal y profesional en el contexto del home office.

En la era actual, donde el home office se ha convertido en una realidad para muchos empresarios y trabajadores, encontrar un equilibrio adecuado entre la vida personal y profesional puede ser un desafío. El hecho de trabajar desde casa brinda una flexibilidad y comodidad inigualables, pero también puede llevarnos a perder ese límite claro entre nuestro tiempo laboral y personal. Es por ello que en este capítulo, te invitamos a explorar diferentes estrategias que te ayudarán a alcanzar un equilibrio saludable en el contexto del home office.

Para comenzar, es fundamental establecer horarios y rutinas. Aunque el home office ofrece una libertad de horarios, es importante mantener una estructura diaria para evitar la mezcla de tareas laborales y personales. Establecer un horario fijo de trabajo te permitirá concentrarte en tus responsabilidades profesionales mientras confinas tus actividades personales a otro momento del día. Esto te ayudará a evitar distracciones y a mantener la productividad.

Además, es esencial contar con un espacio de trabajo dedicado. Separar físicamente tu área de trabajo de los espacios destinados a tu vida personal es clave para generar un ambiente propicio para el enfoque y la concentración. Designa una habitación o un rincón específico de tu hogar como tu lugar de trabajo y procura que sea un espacio cómodo y libre de distracciones.

Asimismo, establecer límites claros con familiares y amigos es fundamental para encontrar un equilibrio saludable. Comunica a tus seres queridos cuáles son tus horarios de trabajo y pídeles que respeten tu tiempo y espacio durante esas horas. Aunque puedas estar en casa, es importante que ellos entiendan que estás trabajando y necesitas concentración. Implementar estas medidas te ayudará a evitar interrupciones innecesarias y a mantener un flujo constante de trabajo.

Otra estrategia importante para lograr el tan anhelado equilibrio es aprender a desconectar del trabajo. El home office puede generar una sensación de estar siempre disponible y al alcance de los demás, lo cual puede afectar significativamente nuestra calidad de vida. Establece momentos para desconectar: apaga el teléfono de trabajo fuera del horario establecido, evita revisar tu correo electrónico personal en horarios laborales y dedica tiempo a actividades que te relajen y te permitan disfrutar de tu vida personal.

En este sentido, el uso consciente de la tecnología también juega un papel fundamental. Sabemos que vivimos en un mundo altamente conectado, pero ello no implica que debamos estar constantemente pendientes de nuestras notificaciones. Establecer límites en el uso de nuestras tecnologías, evitar distracciones innecesarias y programar tiempo para revisar nuestros correos y mensajes nos permitirá mantenernos enfocados y evitar la sensación de estar siempre trabajando.

En resumen, encontrar un equilibrio saludable entre tu vida personal y profesional mientras trabajas desde casa puede ser un desafío, pero no es imposible. Establecer horarios y rutinas, contar con un espacio de trabajo dedicado, establecer límites claros con familiares y amigos, aprender a desconectar del trabajo y utilizar la tecnología de manera consciente son algunas de las estrategias que te ayudarán a alcanzar ese equilibrio deseado. En la segunda mitad de este capítulo, exploraremos otras estrategias y detalles prácticos que te permitirán mantener este balance de forma efectiva. No te pierdas la continuación de este valioso recurso, donde descubrirás más secretos para triunfar en el home office. Una vez que hayas implementado las estrategias mencionadas anteriormente, estarás en camino de lograr un equilibrio saludable entre tu vida personal y profesional en el contexto del home office. Sin embargo, existen otras prácticas y detalles que también pueden ser de gran ayuda. A continuación, exploraremos estas estrategias adicionales para que puedas mantener este balance de forma efectiva.

En primer lugar, es fundamental establecer límites en el tiempo destinado al trabajo. Si bien la flexibilidad del home office puede llevarnos a trabajar en horarios prolongados, es importante establecer un tiempo de finalización. Define una hora específica para terminar tu jornada laboral y respétala. Establecer este límite te permitirá desconectar y dedicar tiempo a tus actividades personales, lo cual es esencial para mantener un equilibrio adecuado.

Además, aprovecha al máximo tus pausas. No importa si son pausas cortas o más largas, es importante que te tomes tiempo para descansar y recargar energías. Durante estas pausas, haz algo que te relaje y te ayude a recobrar el equilibrio, como estirarte, tomar un poco de aire fresco o disfrutar de una breve meditación. Estas pequeñas pausas te darán la oportunidad de alejarte del trabajo por un momento y te ayudarán a mantener la concentración cuando regreses a tus tareas laborales.

Otra estrategia efectiva es establecer metas claras y realistas. Define tus objetivos diarios o semanales y priorízalos según su importancia. Esto te ayudará a mantener el enfoque en tus responsabilidades profesionales y evitará la sensación de estar siempre detrás de tareas pendientes. Al tener metas establecidas, podrás trabajar de manera más eficiente y organizada, lo que incrementará tu sensación de logro y te permitirá disfrutar más de tu tiempo personal.

Además, busca oportunidades para conectarte con otras personas de manera virtual. Aunque estés trabajando desde casa, no tienes que aislarte completamente. Aprovecha las herramientas de videoconferencia para mantener el contacto con tus compañeros de trabajo, clientes o colaboradores. Programa reuniones virtuales y tómate un tiempo para charlar sobre temas no relacionados con el trabajo. Establecer estas conexiones sociales te ayudará a mantenerte motivado, sentirte parte de un equipo y evitar la sensación de soledad que puede surgir cuando trabajas desde casa.

Por último, recuerda cuidar de ti mismo. El home office puede llevar a descuidar aspectos fundamentales de nuestra vida, como la alimentación adecuada, el ejercicio físico y el descanso suficiente. Establece una rutina saludable que incluya tiempo para realizar actividad física, preparar comidas balanceadas y descansar lo necesario. Estos aspectos son fundamentales para mantener una buena salud física y mental, lo cual es esencial para mantener un equilibrio saludable en el contexto del home office.

En conclusión, lograr un equilibrio entre tu vida personal y profesional mientras trabajas desde casa requiere de estrategias efectivas y prácticas diarias. Establecer límites en el tiempo de trabajo, aprovechar las pausas, establecer metas claras y priorizadas, mantener conexiones sociales virtuales y cuidar de ti mismo son algunas de las estrategias que te ayudarán a alcanzar ese equilibrio deseado. Recuerda que cada persona tiene diferentes necesidades y lo que funciona para uno puede no funcionar para otro, por lo que te animo a experimentar con estas estrategias y adaptarlas a tus propias circunstancias. ¡No pierdas la oportunidad de descubrir más secretos para triunfar en el home office y encontrar el equilibrio entre tu vida personal y profesional!

Capítulo 19:
Herramientas de autocuidado y bienestar en el teletrabajo

Aprende a priorizar el autocuidado y el bienestar físico y emocional mientras trabajas desde casa en el ámbito empresarial.

En la actualidad, el teletrabajo se ha convertido en una opción cada vez más frecuente para empresarios y trabajadores. La posibilidad de realizar nuestras labores desde la comodidad de nuestro hogar nos brinda una mayor flexibilidad y autonomía, pero también implica nuevos desafíos a los que debemos enfrentarnos, especialmente en lo que respecta a nuestro autocuidado y bienestar.

El teletrabajo nos ofrece la oportunidad de diseñar nuestro propio entorno laboral, pero también puede llevarnos fácilmente al desequilibrio si no establecemos límites claros entre nuestra vida personal y profesional. A continuación, exploraremos algunas herramientas y estrategias que nos ayudarán a priorizar nuestro autocuidado y bienestar físico y emocional mientras trabajamos desde casa.

1. Establece una rutina diaria: En el teletrabajo, la línea entre el tiempo de trabajo y el tiempo libre se vuelve difusa. Para evitar caer en el agotamiento y mantener un equilibrio saludable, es esencial establecer una rutina diaria. Dedica tiempo a establecer horarios regulares para comenzar y terminar tus labores, así como para realizar pausas activas y descansos adecuados.

2. Crea un espacio de trabajo ergonómico: Elige un lugar adecuado en tu hogar donde puedas establecer tu espacio de trabajo. Asegúrate de que sea un ambiente cómodo y ergonómico, con una silla y mesa adecuadas que favorezcan una postura correcta. Además, evita la distracción de ruidos externos y procura tener buena iluminación para cuidar de tu salud visual.

3. Practica la desconexión digital: En la era digital, la tecnología nos mantiene conectados prácticamente las 24 horas del día. Sin embargo, es importante establecer períodos de desconexión para descansar la mente y evitar la fatiga mental. Apaga las notificaciones innecesarias, establece límites en el uso de dispositivos electrónicos y dedica tiempo a actividades que te desconecten completamente del trabajo, como el ejercicio o la lectura.

4. Fomenta la actividad física: El sedentarismo es un riesgo común en el teletrabajo. Aprovecha la flexibilidad que te brinda esta modalidad para incorporar actividad física en tu rutina diaria. Realiza estiramientos, caminatas o incluso ejercicios en casa para mantener tu cuerpo activo y reducir el estrés acumulado durante las horas de trabajo.

5. Cultiva relaciones sociales: Trabajar desde casa puede llevarnos al aislamiento social si no prestamos atención. Busca oportunidades para conectarte con tus compañeros de trabajo, ya sea a través de videollamadas o chats en línea. Además, no olvides dedicar tiempo a tus relaciones personales y familiares, ya que el equilibrio entre lo laboral y lo personal es fundamental para nuestro bienestar emocional.

Estas son solo algunas de las herramientas y estrategias que puedes implementar para priorizar tu autocuidado y bienestar mientras trabajas desde casa en el ámbito empresarial. Recuerda que cada persona es única y es importante descubrir qué prácticas funcionan mejor para ti. En la segunda parte de este capítulo, exploraremos más consejos y técnicas que te ayudarán a mantener un equilibrio óptimo en tu vida laboral desde casa. ¡No te lo pierdas!

Continuará...6. Practica técnicas de relajación: El teletrabajo puede generar niveles de estrés y ansiedad, por lo que es crucial buscar formas de relajarnos y mantener la calma. Prueba técnicas como la respiración profunda, la meditación o el yoga para reducir la tensión y restablecer la tranquilidad en tu mente y cuerpo. Dedica unos minutos al día para desconectar y centrarte en tu bienestar emocional.

7. Establece límites claros: Para evitar la sensación de estar siempre disponible, es importante establecer límites claros en tus horarios laborales. Comunica a tus compañeros de trabajo y clientes cuáles son tus horas de trabajo y sé firme al respecto. Del mismo modo, establece límites con tu familia y amigos, y explícales la importancia de respetar tu espacio y tiempo de trabajo.

8. Realiza pausas activas: A lo largo del día, es fundamental realizar pausas activas para descansar tanto física como mentalmente. Levántate de tu escritorio, estira tu cuerpo, camina un poco o simplemente date un momento para desconectar. Estas pausas te ayudarán a recargar energías y mantenerte productivo durante toda la jornada laboral.

9. Establece metas y objetivos claros: El teletrabajo puede ser menos estructurado que el trabajo en una oficina, por lo que es importante establecer metas y objetivos claros para mantener el enfoque y la motivación. Organiza tu trabajo por tareas y establece fechas límite realistas. De esta manera, podrás mantener un sentido de logro y tener una guía clara de tus responsabilidades diarias.

10. Cuida de tu alimentación: Trabajar desde casa puede llevar a descuidar nuestros hábitos alimentarios. Es fundamental mantener una alimentación equilibrada y saludable para tener la energía necesaria durante el día. Planifica tus comidas y ten a mano refrigerios saludables, evitando la tentación de recurrir a alimentos procesados o poco nutritivos.

11. Establece límites con las distracciones: Las distracciones están presentes en cualquier entorno de trabajo, pero en el teletrabajo pueden ser más difíciles de evitar. Establece límites con las distracciones

externas, como la televisión, las redes sociales o los quehaceres domésticos. Crea un ambiente de trabajo libre de distracciones y concéntrate en tus tareas para mantener la productividad y el equilibrio.

12. Busca apoyo y conexión: Trabajar desde casa no significa que debas enfrentar los desafíos del teletrabajo en solitario. Busca apoyo y conexión con otros profesionales que se encuentren en la misma situación. Puedes unirte a grupos en línea, participar en foros o incluso organizar reuniones virtuales con colegas para intercambiar experiencias e ideas. Sentirte parte de una comunidad te ayudará a enfrentar mejor los desafíos y encontrar soluciones conjuntas.

13. Prioriza tu descanso: El descanso adecuado es crucial para mantener un buen equilibrio en el teletrabajo. Establece una hora para desconectar por completo de tus responsabilidades laborales y date tiempo para descansar y recargar energías. Asegúrate de dormir las horas necesarias y de mantener una rutina de sueño saludable. Tu descanso es vital para mantenerte saludable física y mentalmente.

14. Aprovecha el tiempo libre: El teletrabajo puede brindarte más tiempo libre al evitar desplazamientos y horas extras en la oficina. Aprovecha este tiempo para dedicarlo a actividades que disfrutes y que te hagan sentir bien, ya sea practicar un hobby, leer un libro o pasar tiempo con tu familia. Equilibrar tu vida laboral y personal es esencial para tu bienestar y felicidad en general.

Recuerda que el autocuidado y el bienestar son fundamentales para mantener un equilibrio saludable mientras trabajas desde casa. Experimenta con estas herramientas y estrategias, y descubre cuáles funcionan mejor para ti. Cada persona es única y, a medida que explores estas prácticas, encontrarás el equilibrio adecuado que te permita ser eficiente y mantener tu bienestar en el teletrabajo.

El teletrabajo ofrece grandes oportunidades, pero también conlleva desafíos que debemos abordar. En el siguiente capítulo, exploraremos más formas de mantenernos motivados y productivos en el ámbito del home office. ¡Continúa aprendiendo y triunfando en el teletrabajo!

Capítulo 20: Reflexiones finales: Claves para triunfar en el home office

Trabajar desde casa ha dejado de ser una opción ocasional para convertirse en una realidad cotidiana para muchos empresarios y trabajadores. El home office ha llegado para quedarse, y para triunfar en esta modalidad laboral es necesario contar con ciertas claves que nos ayuden a ser eficientes y mantener el equilibrio deseado.

En primer lugar, es importante tener claro que el trabajo remoto requiere de una buena organización. Aunque trabajar desde la comodidad del hogar puede ser tentador y permitir cierta flexibilidad, es fundamental establecer horarios y rutinas que nos permitan aprovechar al máximo nuestro tiempo. La disciplina y la constancia son clave para no caer en la procrastinación y mantener un nivel de productividad alto.

Además, contar con un espacio de trabajo adecuado es esencial. Acondicionar un lugar exclusivo para nuestras labores profesionales nos ayudará a concentrarnos, evitar distracciones y separar nuestra vida personal de la laboral. Es importante contar con una buena conexión a internet, un escritorio cómodo y todos los elementos necesarios para llevar a cabo nuestras tareas de manera eficiente.

Otro factor determinante para triunfar en el home office es la comunicación efectiva. Aunque no estemos físicamente en la oficina, es fundamental mantener una comunicación fluida con nuestros compañeros de trabajo y superiores. Utilizar herramientas de mensajería instantánea, correo electrónico y videollamadas nos permitirá estar conectados en todo momento y colaborar de manera efectiva en proyectos y decisiones importantes.

Por supuesto, uno de los mayores desafíos del trabajo remoto es aprender a separar el trabajo de la vida personal. En este sentido, es fundamental establecer límites y evitar caer en el error de estar siempre disponible. Es importante definir horarios claros de trabajo y de descanso, y respetarlos tanto como sea posible. De esta manera, evitaremos el agotamiento y podremos mantener un equilibrio sano entre nuestras responsabilidades profesionales y nuestra vida personal.

Asimismo, el cuidado de nuestra salud física y mental no debe ser descuidado. En el home office, es común perder de vista la importancia de mantener una alimentación equilibrada y de hacer ejercicio de forma regular. Además, la falta de interacción social puede afectar nuestro bienestar emocional. Por ello, es fundamental dedicar tiempo para cuidar de nosotros mismos, ya sea practicando actividad física en casa, siguiendo una dieta saludable o buscando medios de socialización virtual.

En resumen, para triunfar en el home office es necesario contar con una buena organización, un espacio de trabajo adecuado, una comunicación efectiva, límites claros entre el trabajo y la vida personal, así como el cuidado de nuestra salud física y mental.

Esperamos que las claves compartidas en este libro te hayan sido de utilidad y te hayan brindado herramientas para adaptarte y prosperar en la modalidad del home office. Sin embargo, aún queda mucho por descubrir y te invitamos a continuar leyendo en la segunda parte de este capítulo, donde exploraremos otras importantes reflexiones y estrategias para alcanzar el éxito en el trabajo remoto desde casa.

Recuerda, la clave está en la perseverancia y la adaptabilidad, así que no te pierdas la segunda parte de este capítulo donde desvelaremos secretos y consejos adicionales para llevar tu trabajo desde casa al siguiente nivel. ¡Te esperamos con más claves para el éxito en el home office! Ahora, continuemos explorando más reflexiones y estrategias importantes para alcanzar el éxito en el trabajo remoto desde casa.

Una de las claves fundamentales para triunfar en el home office es la capacidad de mantenernos motivados y comprometidos con nuestras tareas. Al no tener un entorno de oficina tradicional, puede ser más difícil mantenernos enfocados y productivos durante todo el día. Para superar este desafío, es recomendable establecer metas claras y realistas, dividir las tareas en pequeños objetivos y recompensarnos por el trabajo cumplido. Además, buscar maneras de mantenernos inspirados y estimulados, como escuchar música que nos motive o decorar nuestro espacio de trabajo de manera agradable y personalizada, puede ayudarnos a mantener un estado de ánimo positivo y mantenernos enfocados en la tarea.

Otra reflexión importante es aprender a lidiar y superar las distracciones que pueden surgir en el hogar. El teletrabajo puede presentar desafíos únicos, como ruidos familiares, tareas domésticas pendientes o la tentación de revisar constantemente nuestras redes sociales. Para contrarrestar estas distracciones, es útil establecer límites claros con las personas que conviven con nosotros, comunicando de manera efectiva que durante determinadas horas estamos trabajando y necesitamos concentrarnos. Además, podemos utilizar técnicas de gestión del tiempo, como la técnica del pomodoro, que consiste en trabajar en bloques de tiempo cortos y realizar pequeños descansos entre ellos, para aumentar la productividad y mantenernos concentrados en nuestras tareas.

Asimismo, es clave aprender a adaptarnos a los cambios y desafíos que puedan surgir en el trabajo remoto. La flexibilidad y la capacidad de adaptación son cualidades fundamentales para triunfar en esta modalidad laboral. Las circunstancias pueden cambiar rápidamente, como las demandas de trabajo, las necesidades personales o las situaciones familiares, por lo que es importante ser proactivo y estar dispuesto a ajustar nuestras rutinas y horarios según sea necesario.

Además, es fundamental mantener una actitud positiva y buscar soluciones creativas a los problemas que puedan surgir. Recordemos que el trabajo remoto nos brinda una gran oportunidad de crecimiento personal y profesional, y aprovechar al máximo esta oportunidad requiere de una mentalidad abierta y flexible.

Por otro lado, cuidar de nuestras relaciones laborales y mantener el sentido de pertenencia también es fundamental para prosperar en el trabajo remoto. A pesar de no compartir un espacio físico con nuestros compañeros de trabajo, es importante establecer y mantener vínculos profesionales sólidos. Participar activamente en reuniones virtuales, demostrar interés en los proyectos de los demás y ofrecer apoyo y colaboración cuando sea necesario, nos ayudará a mantenernos conectados y a formar parte activa de nuestro equipo de trabajo. Además, aprovechar las ventajas de las nuevas tecnologías para mantenernos actualizados e informados sobre los avances y noticias relevantes en nuestra industria, nos permitirá seguir creciendo profesionalmente incluso en esta modalidad laboral.

Por último, tenemos que recordar que la búsqueda del equilibrio sigue siendo un desafío constante en el trabajo remoto. El deseo de tener éxito profesional puede llevarnos a trabajar largas horas y descuidar nuestros momentos de descanso y relajación. Sin embargo, es necesario cuidar de nosotros mismos y priorizar nuestra salud y bienestar. Establecer límites claros entre el trabajo y la vida personal, aprovechar al máximo nuestro tiempo libre para actividades que nos gusten y nos hagan felices, y practicar técnicas de relajación y manejo del estrés, nos ayudarán a mantener un equilibrio saludable y a disfrutar de los beneficios que ofrece el trabajo desde casa.

En conclusión, el trabajo remoto ofrece grandes oportunidades pero también presenta desafíos que requieren de reflexión y estrategias para triunfar. Mantener una buena organización, encontrar un espacio de trabajo adecuado, comunicarnos de manera efectiva, establecer límites claros, cuidar de nuestra salud y adaptarnos a los cambios son algunas de las claves para triunfar en el home office. Esperamos que las reflexiones y estrategias compartidas en este libro te hayan sido de utilidad y te hayan brindado herramientas para adaptarte y prosperar en esta modalidad de trabajo. Recuerda que el éxito en el home office está al alcance de todos, siempre y cuando mantengamos una actitud positiva, nos comprometamos con nuestras metas y valoremos nuestro bienestar. ¡Te deseamos mucho éxito en tu camino hacia un exitoso trabajo remoto!

Aviso Legal

El contenido de este ebook se proporciona únicamente con fines informativos y educativos. Aunque se ha realizado un esfuerzo por asegurar que la información contenida en este libro sea precisa y esté actualizada al momento de su publicación, no se garantiza su exactitud, integridad o aplicabilidad a situaciones específicas.

No Asesoramiento Profesional

Este ebook no pretende sustituir el asesoramiento profesional en áreas específicas como legal, financiera, médica, psicológica, tecnológica o de cualquier otra índole. Los lectores deben consultar con profesionales adecuados antes de tomar cualquier decisión basada en la información proporcionada en este libro.

Limitación de Responsabilidad

El autor y el editor de este ebook no serán responsables de ningún daño directo, indirecto, incidental, especial, consecuente o de otro tipo que surja del uso o la incapacidad de uso del material presentado en este libro. Esto incluye, pero no se limita a, daños por pérdida de beneficios, interrupción del negocio, pérdida de información comercial o cualquier otra pérdida pecuniaria.

Uso de Enlaces y Recursos Externos

Este ebook puede contener enlaces a sitios web y recursos externos. Estos enlaces se proporcionan solo para la conveniencia del lector. El autor y el editor no se hacen responsables de la disponibilidad, contenido o servicios ofrecidos en estos sitios externos, ni de cualquier daño o pérdida que pueda resultar del uso de dichos sitios.

Derechos de Autor

Todo el contenido de este ebook, incluyendo texto, gráficos, logotipos, imágenes y compilaciones, es propiedad del autor y está protegido por las leyes de derechos de autor. Ninguna parte de este libro puede ser reproducida, distribuida o transmitida de ninguna forma o por cualquier medio sin el permiso previo por escrito del autor.

Cambios en el Disclaimer

El autor se reserva el derecho de modificar este disclaimer en cualquier momento sin previo aviso. Se recomienda a los lectores revisar esta sección periódicamente para estar al tanto de cualquier cambio.

Don't miss out!

Visit the website below and you can sign up to receive emails whenever Gonzalo Estrada publishes a new book. There's no charge and no obligation.

https://books2read.com/r/B-A-OZBBB-EEGVD

BOOKS 2 READ

Connecting independent readers to independent writers.

Also by Gonzalo Estrada

Self Healing
Visualiza tu Éxito
Cultivando Líderes
Afirmaciones y Empoderamiento
Semillas de Cambio
Cómo convertir TikTok en una máquina de hacer dinero
Cómo hacer dinero con Pinterest
Cómo hacer un ensayo
Cómo Pedir un Aumento de Sueldo
Currículo Poderoso
Entrenamiento sin Violencia
Entrevista Laboral
Gana Dinero con X (Twitter)
Ganar Masa Muscular
Volver a Empezar; el arte de reinventarse
Analiza Resuelve Ejecuta
Aromatherapy, The natural path to your pet´s well being
Holistic Feeding
The ABC of Educating Your Pet
The Art of Cosmic Connection
The Art of Feng Shui applied to your Pets
From Scarcity to Abundance
The English Bulldog in The Family
The French Bulldog
Therapeutic Massages for Pets

Pets and Crystal Therapy
The Maltese Bichon
Transform Your Problems into Opportunities
Esto ya Cambió